MIŁOŚĆ, BÓG

i kuchnia francuska

JAMES F. TWYMAN

MIŁOŚĆ, BÓG
i kuchnia francuska

TYTUŁ ORYGINAŁU:
Love, God, and the Art of French Cooking

Redakcja: Renata Arkuszewska
Korekta: Dominika Dudarew
Projekt okładki: Krzysztof Kibart, designpartners.pl
Skład: skladigrafika@gmail.com

Wydanie I
Białystok 2013
ISBN: 978-83-62476-78-7

illuminatio

www.illuminatio.pl

Wydawnictwo ILLUMINATIO Łukasz Kierus
E-mail: wydawnictwo@illuminatio.pl
Dział handlowy: zamowienia@illuminatio.pl

Spis treści

Mojej matce – pierwszej osobie,
która nauczyła mnie,
czym jest miłość do jedzenia

Nie ma bardziej szczerej miłości niż miłość do jedzenia

— George Bernard Shaw

Jedzenie bez miłości jest jak życie bez miłości

— Roger Dufau

Wstęp

Gdy byłem mały, z zachwytem obserwowałem, jak moja matka gotowała. Nawet gdy wkroczyłem w dorosłość i wyprowadziłem się z domu, twierdziłem, że robiła najlepsze lasagne na świecie, a jej sałatka taco nie miała sobie równych. W czasie studiów na Uniwersytecie Loyola zajadałem się chicagowską pizzą i innymi lokalnymi przysmakami, ale nic nie emanowało taką energią, jaką wyczuwałem wokół rodzinnego stołu – zwłaszcza gdy mama wyjmowała parujące naczynie żaroodporne z piekarnika, a ja wiedziałem, jaka poezja kryje się pod aluminiową folią. Stopione sery i inne „dekadenckie" składniki może i nie były najzdrowszym jedzeniem, ale nic nie da się porównać z wpływem, który te posiłki miały na moją duszę... i mają aż po dziś dzień. W moim mniemaniu nie istniała żadna godna konkurencja: kuchnia mamy była najlepsza.

Rozmyślałem o tym i znalazłem jeszcze jedno wytłumaczenie swoich odczuć. Choć kuchnia mamy odcisnęła na mnie niezatarte piętno, jestem pewien, że istniały lepsze kucharki od niej. Jednak w naszej kuchni było coś, z czym nikt inny nie miał szans konkurować, nawet najzdolniejsza kucharka świata. Mama bezgranicznie kochała całą rodzinę, a jej miłość ogarniała każdą potrawę niczym delikatny zapach, który zmienia atmosferę w całym pomieszczeniu. Czuliśmy tę miłość; przenikała nasze ciała z taką siłą, że nie miało dla nas znaczenia to, czyje lasagne były tak naprawdę smaczniejsze. Po raz pierwszy zdałem sobie sprawę z tego, że miłość ma moc przemiany jedzenia. Wspaniałe danie zależy zarówno od przygotowującej je osoby, jak i od samego przepisu.

Obecnie tę sztukę uprawia moja dwudziestopięcioletnia córka Angela. Raz na jakiś czas zjawia się na progu mojego domu w Portland z talerzem w ręku. Nie mija chwila, a zawartość talerza zostaje pochłonięta. Angela odziedziczyła po babci zbiór przepisów i właśnie te dania zazwyczaj mi przywozi – pewnie dlatego, że wie, jak je uwielbiam. Albo zdaje sobie sprawę z tego, że jej tato nie ma za grosz talentu kulinarnego.

Gdybym miał obliczyć, ile wydaję rocznie na posiłki w restauracjach, suma ta przyprawiłaby mnie o zawrót głowy. Zatem widok uśmiechniętej Angeli na ganku z daniem prosto z piekarnika jest zawsze miłą niespodzianką. I znowu kluczem jest miłość – czuję ją w każdym kęsie.

Może jakaś cząstka mnie nie chce nauczyć się gotować, ponieważ boi się, że oznaczałoby to koniec kulinarnych dostaw od mojej córki. A może jest ważniejszy powód, który dopiero zaczynam odkrywać... Jakiś głębszy sens, którego szukam i którym chcę się z wami podzielić.

Nasze życia są pełne zbiegów okoliczności – przelotnych spotkań i drobnych wydarzeń, które mogą nas zmienić. Ale te chwile są często niezauważane albo lekceważone. Jesteśmy zbyt zajęci, zbyt zabiegani (a może po prostu zbyt przerażeni tym, czego moglibyśmy się o sobie dowiedzieć), aby waga takich chwil dotarła do nas w pełni. Ale gdy czasem zwalniamy (albo zostajemy do tego zmuszeni), w końcu zaczynamy dostrzegać, że roztaczają się przed nami szerokie perspektywy i możemy zdobyć niebywałą wiedzę.

Mówię o otwarciu się i chwytaniu chwili, ale nie różnię się od większości ludzi. Moje olśnienie, moje przelotne spotkanie z przeznaczeniem przytrafiło mi się tak nagle, że nie dało się tego nie zauważyć...

Ta książka opowiada o tamtej pamiętnej chwili oraz o jej skutkach. Taki moment ma na jakimś etapie życia każdy z nas: ruletka się kręci, twój numer nie wypada i zdajesz sobie sprawę, że czas spłacić dług, który od lat odwlekasz. Jeśli mamy szczęście, temu okropnemu doświadczeniu towarzyszy obecność kogoś, kto pomoże nam spojrzeć na nie z innego punktu widzenia – tak jak Clarence w *To wspaniałe życie*, anioł, który pomógł George'owi Baileyowi (granemu przez Jimmy'ego Stewarta) dostrzec, że mimo porażek jego życie było niezwykłe, a nawet niezastąpione. Rzecz w tym, że aniołowie rzadko oznajmiają swoją obecność. Oni zazwyczaj nie wiedzą, że ogrywają rolę aniołów.

Może *ty* byłeś dla kogoś aniołem – dla przyjaciela znajdującego się nad przepaścią, potrzebującego mądrości, którą tylko ty mogłeś się podzielić. Może powiedziałeś coś, co tobie wydało się mało ważne, ale twoje słowa przeniknęły do serca rozmówcy i zmieniły jego życie. Kto wie? Aniołowie objawiają się na wiele sposobów i na tym polega ich piękno. Właśnie ich nierozpoznawalność sprawia, że są tacy skuteczni.

W trakcie pisania tej opowieści nauczyłem się także ważnych lekcji – tych, które mi początkowo umknęły i musiały dojrzewać we mnie przez kolejne dni i tygodnie. Wydawało mi się, że pewna lekcja była kluczowa, ale wtedy dostrzegłem inne – i intuicyjnie wiedziałem, że nie były przeznaczone jedynie dla mnie.

Prawdopodobnie będziesz w stanie odnaleźć siebie w tej książce – każdy z nas przeszedł te ścieżki i samotne drogi... Dowodzą tego odciski na naszych stopach. Jestem jednak pewien, że dzięki tej wędrówce stałem się lepszym człowiekiem. Choć niektóre lekcje boleśnie wryły się w moją duszę i zostaną ze mną na zawsze niczym wypalone piętno, to bez względu na to, co się wydarzy, mogę spojrzeć na nie i powiedzieć: „Dziękuję wam, przeklęte rany... Dziękuję za wspomnienia".

Roger Dufau, szef kuchni i mistyk

WSTĘP

Historia, którą za chwilę przeczytasz, jest prawdziwa. Zmieniłem imiona kilku osób, aby chronić ich prywatność, ale Roger, którego dobrze poznasz, jest w stu procentach autentyczny. Wiele naszych rozmów zawartych w tej opowieści zostało najpierw nagranych, dzięki czemu mogłem zaprezentować jego filozofię tak precyzyjne, jak to tylko możliwe. Pozostałe zostały minimalnie zmodyfikowane na potrzeby narracji. Ogólnie rzecz biorąc, ta historia przedstawia prawdę, zwłaszcza o tym, przez co przeszedłem, aby dotrzeć do mety. Teraz gdy na niej jestem, pragnę się tą prawdą podzielić. Sądzę, że to jedna z najważniejszych lekcji, których możemy się nauczyć.

Zatem usiądź wygodnie z kieliszkiem dobrego wina i francuskim serem. Wprawią cię w odpowiedni nastrój.

ROZDZIAŁ 1

Porzucony

Jej ostatnie spojrzenie było bardzo wymowne. Gdy Michele wycofywała auto z podjazdu, a poranne słońce oświetliło jej lewy policzek, wiedziałem, że to koniec. Nasz koniec.

Nasze spojrzenia spotkały się na chwilę, po czym ona przeniosła wzrok na wsteczne lusterko. Stałem z nadzieją, że jeszcze raz na mnie zerknie, ostatnim spojrzeniem da mi jakąś szansę. Ale nie spojrzała. Chwilę później jej samochód skręcił w Mill Street – i tyle ją widziałem. Była dopiero siódma rano, a dzień już zapowiadał się paskudnie.

Nie jestem pewien, jak długo tam stałem, spoglądając w kierunku, w którym odjechała. Jej samochód zniknął, a inne pojazdy poruszały się w obie strony: ludzie jechali do pracy lub odwozili dzieci do szkoły. Wszyscy zdawali się mieć cel, jakby wiedzieli, dokąd zmierzają i dlaczego właśnie tam. Ja natomiast nagle znalazłem się bez samochodu w kraju, który wydawał się bardzo podobny do mojego, ale wcale taki nie był. Ledwie wiedziałem, gdzie się znajduję, i nie miałem pojęcia, dokąd zmierzam.

Był początek listopada. Moja przyjaciółka Michele wpadła na pomysł, żebyśmy spędzili kilka dni w Elorze, małej wiosce godzinę drogi od Toronto. Poleciałem tam ze swojego domu w Oregonie z nadzieją, że staniemy się sobie bliżsi, a nasz związek przetrwa mimo dzielącej nas odległości zmuszającej do wielogodzinnych podróży. Ale ostatecznie Michele odeszła nie dlatego, że dzieliły nas kilometry. Powiedziała mi, że jestem zbyt liberalny, a ona zbyt konserwatywna, co wydało mi się zupełnie bez sensu. Stwierdziła, że wierzy w proste linie, a moje są przerywane i kręte. Doprowadziło to do kłótni, i wkrótce leżeliśmy po przeciwnych stronach łóżka, za wszelką cenę starając się uniknąć przypadkowego dotyku.

Miałem wrażenie, że między nami nagle popłynęła rwąca rzeka, i bez względu na wysiłek nie potrafiłem znaleźć słów, które zbudowałyby między nami most. Wyciągnąłem rękę, aby dotknąć Michele, ale odsunęła się ode mnie. Straciłem ją, choć dzieliło nas zaledwie kilkadziesiąt centymetrów.

Żadne z nas nie spało tamtej nocy. Chyba mieliśmy nadzieję, że chłodne wiejskie powietrze i nocne niebo objawią nam coś, czego nie potrafiliśmy dostrzec gołym okiem. Być może była jeszcze jakaś szansa, aby różnice między nami zniknęły, a namiętność, którą czuliśmy kilka miesięcy wcześniej, wróciła... „Choćby na tyle, żeby Michele zdążyła odwieźć mnie na lotnisko" – pomyślałem.

Ale nazajutrz o świcie stałem sam na żwirowym podjeździe przed pensjonatem o lata świetlne oddalonym od miejsca, w którym – jak sądziłem – powinienem być. Czym sobie na to zasłużyłem?

Przez chmury przebijały się promienie słońca, ale ja czułem się niewyraźnie.

Z zamyślenia wyrwał mnie dźwięk – charakterystyczny zgrzyt zawiasów, które potrzebują naoliwienia. Odwróciłem się w prawo i w tej samej chwili otworzyły się drzwi, a w moją stronę poleciała woda. Wysoki, dostojnie wyglądający mężczyzna spojrzał na mnie wyraźnie zaskoczony, że ktoś stoi tak blisko.

Roger (imię wymawiane z francuska „Roozaa") był wraz z żoną Kathleen współwłaścicielem Drew House. Spotkaliśmy się dzień wcześniej, gdy meldowałem się z Michele, ale od tamtej pory ich nie widziałem. Wieczorem znaleźliśmy z Michele niezłą restaurację, i to właśnie tam zaczęło kiełkować ziarno nieporozumienia. Zanim wróciliśmy do pokoju, zdążyło już wykiełkować i zakwitnąć: zostało nam tylko zebrać plon, co uczyniliśmy następnego ranka.

Byłem sam, a mężczyzna z włosami spiętymi w kitkę niemal wbił gwóźdź do trumny, prawie chrzcząc mnie brudną wodą.

– Aj! Nie zauważyłem pana – powiedział Roger z charakterystycznym francuskim akcentem.

Był nie tylko właścicielem Drew House, jednego z najbardziej urokliwych pensjonatów w europejskim stylu w Ameryce Północnej, ale także znanym szefem kuchni. Posiadał słynne restauracje we Francji, Toronto i Australii. W Elorze był lokalną gwiazdą zarówno dzięki radosnemu sposobowi bycia jak i talentowi kulinarnemu.

Później Kathleen opowiedziała mi historię, która lepiej to wyjaśnia – zwłaszcza wpływ, jaki Roger miał na wiele miejscowych kobiet. Otóż Roger podsłuchał, jak kilka z nich rozmawiało po cichu, i zastanawiał się, co miały na myśli, gdy mówiąc o nim, za każdym razem używały pewnego słowa. Wieczorem wspomniał o tym żonie z nadzieją, że Kathleen mu pomoże.

– Wszystkie kobiety mówiły, że jestem „ciao" – powiedział mocno zaniepokojony Roger. – Co to znaczy?

Kathleen spojrzała na niego zaskoczona, niepewna, co odpowiedzieć.

– Nie wiem. Może to jakiś skrót...

– Siedziały razem w jadalni i usłyszałem, jak powiedziały, że niezłe ze mnie „ciao". To chyba coś pozytywnego, ale nie jestem pewny.

Jej twarz się rozpromieniła i Kathleen wybuchła śmiechem.

– Mówiły, że niezłe z ciebie „ciacho". Nie wymówiłeś „ch" i dlatego cię nie zrozumiałam. Tak, Roger, to coś pozytywnego. Uważają cię za atrakcyjnego mężczyznę.

Nawet jako sześćdziesięciolatek Roger miał w sobie europejską elegancję i pewną tajemniczość, która przyciągała kobiety. Ja w nim widziałem francuskiego Roberta De Niro. Raz nawet poprosiłem go, żeby zrobił minę charakterystyczną dla tego aktora, co jeszcze bardziej mnie utwierdziło w tym przekonaniu. Ale to wydarzyło się dużo później – dawno po tym, jak niemal przemoczył mnie brudną wodą. Choć biorąc pod uwagę mój ówczesny nastrój, wcale nie pogorszyłby mojego stanu.

– Nic nie szkodzi – powiedziałem, ale najpierw uskoczyłem w bok, żeby uniknąć ochlapania. – Nie powinienem tu sterczeć z miną, jakby mi psa przejechali.

Roger wyglądał na zbitego z pantałyku.

– Pewnie to jakaś metafora, i do tego mało radosna. Chciałbym ją odmienić obfitym śniadaniem, ale nie jest jeszcze gotowe. Ale mam kawę, może ona pozwoli nam odzyskać pana psa.

Uśmiechnąłem się, usłyszawszy jego żart. Właśnie tego było mi trzeba, żeby wyrwać się z odrętwienia.

„Przecież nie byliśmy ze sobą aż tak długo" – pomyślałem. Od poznania na konferencji w Toronto spotkaliśmy się tylko dwa razy. Postanowiliśmy spędzić razem tydzień, żeby *sprawdzić*, co z tego wyjdzie. Minęło półtora dnia i przyjechaliśmy do pensjonatu Drew House, który polecił nam znajomy. I wtedy wszystko zaczęło się zmieniać. Poczułem powstający między nami dziwny dystans, który po krótkim czasie przerodził się w wielką przepaść, całkiem jak ta, z której słynie Elora.

– Kawa... brzmi nieźle – powiedziałem i pomaszerowałem za Rogerem do środka.

Weszliśmy do małej kuchni, która wydała mi się jednocześnie nowoczesna i staromodna. Kosze z warzywami stały obok drzwi, a przybory ze stali nierdzewnej leżały obok starych urządzeń. Stojąca w kącie zmywarka przywodziła na myśl tę, której używałem w swojej pierwszej pracy, gdy miałem szesnaście lat. Od razu poczułem, że ta kuchnia należy do kogoś, kto wie, co robi – do zawodowca, który poświęcił swoje życie sztuce gotowania. Jednocześnie nieduży rozmiar i funkcjonalność pomieszczenia sprawiały, że kuchnia bardziej przypominała maleńką oazę niż komercyjne przedsięwzięcie. Roger wziął francuską praskę do kawy, wsypał do niej trzy duże łyżki kawy, a następnie wlał gorącą wodę z czajnika.

– Jak jest pan w domu – odezwał się przez ramię – to jak przyrządza pan kawę? Ma pan ekspres do kawy?

– Kiedyś miałem. Teraz używam ekspresu przelewowego, takiego na jedną filiżankę. Ale mam też francuską prasę.

– Lepiej używać prasy – powiedział, mieszając kawę z wodą. – Proszę spojrzeć, co się dzieje, gdy ją mieszam: na górze tworzy się pianka, całkiem jak w espresso. Poza tym kawa nie utlenia się tak bardzo jak w ekspresach przelewowych, zwłaszcza gdy dłużej postoi na płytce. Wystarczy kilka minut, a kawa zaczyna się psuć... Nie tylko nabiera gorzkiego smaku, ale także przestaje być zdrowa. To niszczy całą przyjemność picia kawy, a przecież o to w tym wszystkim chodzi. Robimy to, co przynosi nam radość, a unikamy tego, co szkodzi.

– To pańska filozofia życia? Robić, co nas cieszy i co nam sprawia przyjemność?

– Oczywiście – odparł Roger, rozpościerając dłonie. Wskazał mi taboret w kącie. – Po to jesteśmy na tej planecie... Ale nie chodzi o to, żeby tylko *sobie* sprawiać przyjemność. Najlepsze życie to takie, które przysparza radości innym – oto droga do szczęścia. Właśnie dlatego uwielbiam gotować. Gdy używam najlepszych dostępnych składników i wkładam serce we wszystko, co robię, mogę zmieniać nastrój innych osób... A czasami nawet ich życie. Większość ludzi nie ma pojęcia, że istnieje tak silny związek między intencjami kucharza a jakością posiłku. Wystarczy wziąć dwóch początkujących kucharzy: używają tego samego przepisu i tych samych składników, ale danie jednego z nich jest zachwycające, a drugiego – średnie. Dlaczego? Bo pierwszy włożył serce w każdą czynność: krojenie warzyw, mieszanie w garnku, przygotowanie sosu. A drugi jedynie postępował zgodnie z przepisem: wszystko działo się w jego głowie, a nie w sercu.

Zauważyłem dużą patelnię ze skwierczącym olejem stojącą na kuchence gazowej, na desce do krojenia pokrojone w kostkę ziemniaki i bataty. Roger przerzucił je za pomocą noża na patelnię. Z mistrzowską zręcznością zamieszał składniki, odstawił patelnię na palnik i zmniejszył płomień.

– Trzeba je smażyć powoli; w przeciwnym razie przypalą się i stracą smak.

Odwrócił się i przeszedł na drugą stronę kuchni. Sięgnął do torby i wyjął dużą główkę czosnku.

– Kupuję go na targu niedaleko stąd. Jest hodowany w okolicy i kosztuje cztery razy więcej niż ten ze sklepu, ale warto mieć takie wspaniałe, świeże składniki.

– A to, co mówił pan o skupianiu się na uszczęśliwianiu innych... – spróbowałem powrócić do poprzedniego tematu. – Co z ludźmi, którzy tego nie chcą? To znaczy... tymi, którzy nigdy nie pozwalają sobie na odczuwanie radości.

– Mówi pan o sobie czy o tej czarującej damie, z którą pan przyjechał? – spytał z uśmiechem.

– Chyba o nas obojgu – powiedziałem z lekkim zażenowaniem. – Właśnie mnie rzuciła, bo uważa, że za bardzo się różnimy. A ja chciałem ją po prostu lepiej poznać i może zbliżyć się do niej o krok.

– O krok? – Roger wciąż się uśmiechał. – Miłość zazwyczaj nie robi pojedynczych kroków, rzadko bywa tak zorganizowana. Może w tym rzecz: pan chce, żeby związek biegł określonym torem, i nie widzi, że w rzeczywistości toczy się własnym. Wolimy małe, zaplanowane kroki, ponieważ chcemy kontrolować nasze emocje... głównie z obawy przed brakiem kontroli. Proszę spojrzeć na przykład na ten czosnek.

Wziął duży nóż i oddzielił jeden ząbek.

– Większość ludzi mówi, że czosnek najlepiej kroić na małe kawałki. Sądzą, że w ten sposób wydobędą jego smak. Ale nie wiedzą, że czosnek ma bardzo ciekawą właściwość: potrafi się goić tak samo jak ludzki palec. Palec chce zatrzymać krew, czosnek chce zatrzymać sok. Kroi pan czosnek powoli, ostrożnie, ale zanim wrzuci na patelnię, czosnek zdąży ukryć swój sok w środku. Pokażę panu lepszy sposób.

Odłupał dwa kolejne ząbki i silnym ruchem zmiażdżył je ostrzem noża.

– Teraz nie zdoła się zagoić. I proszę spojrzeć: sok wypłynął, i możemy go w pełni poczuć.

Po mojej minie poznał, że nie dostrzegam związku między moim doświadczeniem z Michele, a prawidłowym sposobem obchodzenia się z czosnkiem.

– Mam na myśli to – ciągnął – że życia nie należy rozkrawać... Trzeba je zmiażdżyć! Wtedy sok z naszego wnętrza wypływa i dodaje smaku wszystkiemu, czego dotykamy. Gdy kontrolujemy zdarzenia i ludzi dookoła nas, robimy to ze strachu. „Nie dawajmy zbyt dużo z siebie, bo nic nam nie zostanie" – tak zdajemy się myśleć. Tamujemy przepływ życia, gdy tylko go poczujemy. Trzeba więc pozbyć się strachu i pozwolić, żeby wylał się na zewnątrz jak sok z tego czosnku.

Roger użył noża, żeby pozbierać zmiażdżone kawałki i sok, po czym dorzucił je do ziemniaków na patelni. Gdy zetknęły się z rozgrzanym olejem, znad patelni uniósł się obłoczek pary. Roger podniósł patelnię i zamieszał zawartość bez żadnych przyrządów – po prostu podrzucał składniki, a ja zachwycałem się ich barwami i aromatem.

– Większość ludzi usiłuje prowadzić nadmiernie ugrzecznione życie – mówił dalej – tak jakby brak brudu i czystość były tym samym.

Sięgnął za siebie po miseczkę z pożółkłą solą.

– To sól morska. Nie jest śnieżnobiała jak ta, której zapewne pan używa. Jest brązowawa i ma w sobie ziarenka ziemi. Jest dużo zdrowsza dzięki tak zwanym nieczystościom.

Obsypał mieszankę ziemniaków i czosnku dwoma szczyptami soli i mówił dalej:

– Śniadanie smakuje doskonale, chociaż składniki nie są doskonałe. Sól nie jest biała, czosnek został zmiażdżony, żeby popłynął z niego sok, a warzywa nie zostały pokrojone idealnie przez maszynę. Ale do tego dodaję miłość, która łączy się ze składnikami i sprawia, że tworzę najsmaczniejsze placki ziemniaczane. Gdybyśmy potrafili żyć w taki właśnie sposób, większość naszych problemów zniknęłaby w okamgnieniu.

– Gdzie nauczył się pan tak gotować? – spytałem.

– Wychowywałem się we Francji. Moja matka zawsze uczyła mnie podchodzenia do wszystkiego z prostotą i miłością. Ot, cały sekret: nie tylko francuskiej kuchni, ale i życia. Proste składniki najwyższej jakości... Gdy zacznie się od tego, reszta jest łatwa. Wcale nie uważam się za świetnego kucharza. Po prostu wiem, gdzie robić zakupy.

– Gdzie robić zakupy? – powtórzyłem niczym echo.

– W młodości nauczyłem się jeździć do wiejskich gospodarstw i na lokalne targowiska, żeby kupować najlepsze warzywa i mięsa. Nawet teraz, gdy odwiedzam nowe miasto, potrafię wyczuć, gdzie przypływają łodzie, i kupuję ryby prosto z łodzi. Potrafię to wyczuć niemal w powietrzu, co zawsze zadziwia moją żonę. Gdy człowiek nauczył się tego w dzieciństwie, ma taki odruch. Oto mój przepis: zacznij od najlepszych, naturalnych składników i zawsze gotuj z miłością.

Roger zaimponował mi życiem, które stworzył sobie w Elorze. Później dowiedziałem się, że kiedyś był właścicielem jednej z najbardziej popularnych restauracji w Toronto. Sprzedał ją i wyjechał do Australii na swego rodzaju urlop, ale gotowanie było dla niego zbyt ważne, żeby je porzucić. Otworzył francuską cukiernię, która szybko stała się hitem w miasteczku. Po szesnastu latach wrócił do Kanady i zaczął prowadzić pensjonat z Kathleen.

Jego obecna żona wynajmowała pokój w Drew House, gdy Roger był w Australii. Po jego powrocie ich przyjaźń przerodziła się w miłość. Ich praca wydawała się idealnym uzupełnieniem tego, kim byli jako ludzie i jako para. Obserwowanie ich związku z bliska było przyjemnością.

– Chyba znalazł pan sekret nie tylko gotowania, ale i dostatku – powiedziałem. – Gdy się rozglądam, wszystko wydaje się takie harmonijne. Czy żyje pan dostatnio?

– Opowiem panu historię o kimś, kto wiedzie bardzo dostatnie życie – odparł Roger. – Kilka lat temu miejscowy jegomość, któremu się w życiu bardzo powiodło, chciał zorganizować kolację charytatywną i sprowadził z Paryża Alaina Dutournier'a, aby ten przygotował posiłek. Alain to jeden z najlepszych kucharzy, prawdziwa gwiazda. Organizatorzy postanowili zakwaterować go u nas, w Drew House... Pewnie myśleli, że poczuje się tu bardziej jak w domu. Gdy przyjechał, nie miał pojęcia, że właścicielem pensjonatu jest Francuz. Przez cały jego pobyt musiałem nalegać, aby się odprężył i pozwolił mi dla siebie gotować. Ten człowiek – ciągnął Roger – spędzał cały czas na gotowaniu dla innych, tworzeniu spektakularnych dań, które zdobywały międzynarodowe nagrody. Wieczorami piliśmy wino i dzieliliśmy się opowieściami. Pewnego razu zadałem mu pytanie: gdyby został mu na ziemi tylko jeden wieczór, co zjadłby na ostatni posiłek. Oczekiwałem wytwornych dań, bo przecież był tak utalentowanym kucharzem, ale on całkiem mnie zaskoczył... Powiedział, że przyrządziłby sobie jajka sadzone.

– Niemożliwe! Czemu miałby wybrać jajka, jeśli mógł mieć wszystko, czego dusza zapragnie?

– Proszę się chwilę zastanowić. Ma pan rację: ten człowiek mógł mieć wszystko, najznakomitsze dania na świecie. Ale bardziej zależało mu na uczuciu. Wyznał mi, że w dzieciństwie matka każdego ranka przyrządzała mu jajka. Ale na swój ostatni posiłek nie zjadłby byle jakich jajek. Zostałyby usmażone na kaczym lub gęsim tłuszczu, bo jest najlepszy. Zebrałby jajka z kurnika stojącego za jego domem. Poszedłby także do ogrodu zerwać zieloną papryczkę i kupiłby świeży chleb w piekarni na rogu. Właśnie z tego składałby się jego ostatni posiłek. Z całą mocą przypomniałby mu o miłości, jaką jego matka okazywała mu przez jedzenie, które gotowała. Dla Alaina to był najlepszy możliwy posiłek. A dla mnie to definicja prawdziwego dostatku.

– Czyli dostatek mniej zależy od tego, co posiadamy, a bardziej od tego, jak się czujemy?

– Właśnie tak. Większość ludzi sądzi, że chodzi o zasobność portfela albo wielkość domu. Alain ma to wszystko, ale wie, że to nie jest ważne. Najważniejsza jest miłość i przepływająca przez nas dobra energia. Jego matka była symbolem czegoś z jego wnętrza. Prawdopodobnie była pierwszą osobą, która sprawiła, że poczuł się sobą i odczuł więź z czymś większym niż on sam. Gdy go o to spytałem, wrócił pamięcią do tamtych czasów i do jedzenia, które mu podawała. Było proste i dlatego tak bardzo go pragnął.

Zacząłem rozważać własne życie, cały ten czas spędzony na poszukiwaniu pieniędzy i sławy. Ich zdobycie oznaczało, że byłem godny miłości; zdawało mi się, że bez nich nie mogłem innym nic zaoferować. Gdy byłem młodszy i nie miałem na koncie finansowych ani zawodowych sukcesów, sądziłem, że nie jestem w stanie utrzymać czyjejś miłości. Wciąż mi się wydawało, że nie jestem dość silny i bogaty. Nagle zdałem sobie sprawę, że przez czterdzieści osiem lat życia nie byłem w związku dłużej niż kilka lat. Odniosłem sukces i zarobiłem pieniądze, ale nie nazwałbym tego dostatkiem.

– A pan? – spytałem Rogera. – Mam wrażenie, że żyje pan dobrze. Czy uważa się pan za człowieka sukcesu?

– Pamiętam czasy, kiedy miałem restaurację w centrum Toronto. Była bardzo popularna i zjeżdżały się do niej tłumy. Oczywiście dzięki niej zarabiałem fortunę i zyskałem rozgłos. Teraz mieszkam z dala od miasta i prestiżu, ale jestem szczęśliwszy niż poprzednio. Jeśli chodzi o pieniądze – dziś zarabiam mniej, ale czuję się bogatszy. To dlatego, że kocham to, co robię. Mam wspaniałą żonę i gotuję pyszne jedzenie dla innych, nawet jeśli to tylko śniadania. Dla mnie nie liczy się ilość – liczy się jakość mojego życia.

Nie przerywając wywodu, Roger wyjął inną patelnię, nalał na nią oliwę z oliwek i włączył kolejny palnik. Sięgnął po miskę wypełnioną sześcioma jajkami, a gdy oliwa się rozgrzała, delikatnie wbił je na patelnię.

– Użyłbym tłuszczu gęsi lub kaczki, gdybym go miał, ale oliwa z oliwek będzie musiała wystarczyć.

– To zadziwiające, jak duchowo podchodzi pan do gotowania – powiedziałem. – Mam wrażenie, że jestem w kościele i słucham kazania o tym, jak wieść świętobliwe życie.

– Jedzenie to jedna z rzeczy, które najbardziej zbliżają nas do *prawdziwej* duchowości – odrzekł Roger. – Dlaczego według pana tak wiele uwagi poświęca się Ostatniej Wieczerzy? Moim zdaniem ludzie źle interpretują jej sens. Na przykład katolicy żarliwie wierzą, że to faktycznie ciało i krew Chrystusa, i przegapiają prawdziwe znaczenie tej wieczerzy. Jezus starał się wpoić swoim uczniom bardzo prostą naukę. Spojrzał na stół, przy którym wówczas siedzieli, i wziął dwie najzwyklejsze rzeczy, jakie tam stały: chleb i wino. Zawsze były na stole, więc nikt nie zwracał na nie uwagi. Wybrał właśnie je, aby przekazać swoją najważniejszą lekcję. Jezus powiedział: „To ciało moje", ponieważ chciał, żebyśmy dostrzegli boskość w czymś tak zwyczajnym jak chleb i byśmy pamiętali o Nim za każdym razem, gdy go spożywamy

– ciągnął Roger. – Potem powiedział: „To krew moja", ponieważ chciał, żebyśmy zobaczyli związek między czymś, co mamy na co dzień, a świętością, która zawsze nas otacza. Chciał przekazać, że energia miłości jest zawsze obecna i że można ją znaleźć w najprostszych rzeczach.

– A ja myślałem, że wszyscy Francuzi to katolicy... – powiedziałem półżartem. – Postrzegał pan kiedykolwiek chleb i wino jako ciało i krew Jezusa?

– Ależ ja właśnie tak je widzę, ale to niczego nie wyklucza. Tak samo postrzegam jajka czy czosnek. Wiedział pan, że na najwcześniejszych obrazach przedstawiających Ostatnią Wieczerzę stół jest niemal pusty? Z czasem, gdy nasze życie stało się bardziej skomplikowane, wypełnione większą liczbą „rzeczy", skromny posiłek stojący przed Jezusem i jego uczniami przemienił się w ucztę. Właśnie to zazwyczaj robimy: komplikujemy bardzo proste nauki Jezusa, żeby nie musieć ich naprawdę rozumieć. Jest nam wygodniej, gdy jego nauka jest abstrakcyjna lub ukryta w symbolice, niż gdyby miała być tuż przed naszym nosem, choćby na kuchennym stole.

– Ale wierzy pan, że Ostatnia Wieczerza faktycznie się wydarzyła, prawda?

– *Wiem*, że się wydarzyła – powiedział z większym zdecydowaniem, niż się spodziewałem. – Czuję to w swoim wnętrzu. Ale nie była taka, jaka większości ludzi może się wydawać. To było świętowanie życia Jezusa, ponieważ tylko On wiedział, że to Jego ostatni posiłek. Wiedział, co się wydarzy, ale zamiast zaszywać się w samotności, wolał być z ludźmi, których kochał. Umył im stopy, gdy weszli do Wieczernika. To było nietypowe, a nawet niespotykane w tamtych czasach. Potem zasiadł z nimi przy stole i nakarmił ich fizycznie i duchowo. Czasem zastanawiam się, czy apostołowie zdawali sobie sprawę z tego, co on im przekazywał... Wzór, jak powinni traktować się nawzajem.

– Powiedział pan, że jedzenie było fizyczne *i* duchowe. Powinniśmy tak traktować każdy posiłek?

– Cóż, wszystkie posiłki oczywiście są fizyczne – stwierdził Roger. – Ale mają także duchową naturę. Zależy ona od nastroju w jakim jesteśmy, gdy otrzymujemy jedzenie. Jeżeli jesteśmy wdzięczni całemu łańcuchowi, to znaczy rolnikowi, piekarzowi albo zwierzętom i roślinom, pożywimy także naszą duszę. Francuzi zawsze to rozumieli. Nie spieszymy się w trakcie posiłku... w przeciwieństwie do ludzi tutaj. Jemy wolno, delektując się każdym aspektem posiłku i ciesząc towarzystwem ludzi, którzy jedzą z nami. Właśnie to karmi naszą duszę. Moim zdaniem właśnie *na tym* polega religia.

Wziąłem łyk kawy, którą nalał mi Roger. Od razu pomyślałem, że to najlepsza kawa, jaką w życiu piłem. Po raz pierwszy zaświtała mi myśl, że może przyjechałem do Drew House nie dla Michele albo z innego oczywistego powodu. Może miałem się nauczyć czegoś głębszego, czegoś, co można docenić jedynie dzięki jedzeniu i nauce u mistrza kuchni, a jednocześnie mistrza życia. Odchyliłem się na taborecie i głęboko odetchnąłem.

– Przede mną sporo nauki, prawda?

ROZDZIAŁ 2

Twoje życie musi zostać zmiażdżone

„Jedzenie to jedna z rzeczy, które najbardziej zbliżają nas do *prawdziwej* duchowości". To zdanie dźwięczało mi w głowie przez resztę popołudnia, zwłaszcza gdy usiłowałem określić, co robić dalej. Lot powrotny do Oregonu miałem dopiero za trzy dni, ale skoro Michele wyjechała, musiałem podjąć decyzję. Czy złapać wcześniejszy lot do Portland? Mógłbym pojechać do Toronto i czymś tam się zająć, ale wizja samotnego szwendania się po mieście sprawiła, że poczułem się pusty w środku.

Im dłużej rozmyślałem, tym bardziej zdawałem sobie sprawę, że chcę zostać w Drew House i słuchać, jak ten facet z francuskim akcentem mówi o miłości, Bogu i kuchni francuskiej. Słowa Rogera przenikały do mojej świadomości w sposób, jakiego nigdy wcześniej nie doświadczyłem... Może zatem *powinienem* zostać i sprawdzić, czego zdołam się nauczyć?

Przeszedłem na drugą stronę Mill Street i ruszyłem wzdłuż rzeki, żeby przez chwilę posiedzieć w samotności. Po takim dniu potrzebowałem chwili autorefleksji. Rozstanie z Michele było kolejną pozycją na długiej liście moich miłosnych niepowodzeń. Coraz bardziej przyzwyczajałem się do tego, że kobiety zostawiały mnie, *zanim* związek w ogóle powstał. Nie potrafiłem określić, czym zniechęciłem do siebie Michele (oraz poprzednie trzy lub cztery kobiety). Gdy tak siedziałem na ławce, wpatrując się w miejsce, gdzie koryto rzeki obniżało się o metr, w milczeniu stwierdziłem, że wcale nie chcę wiedzieć. Blokowałem coś i choć udało mi się uświadomić sobie ten fakt, wcale nie wiedziałem, co tak usilnie wypycham ze swojej świadomości. Spojrzałem na przeciwny brzeg rzeki i dziesięciometrowy klif, na którym zbudowano drogie domy. Kilka drzew rosnących na krawędzi klifu zdawało się balansować nad przepaścią – chwytały się jedynie cienkiej warstwy ziemi. Niektóre drzewa były wysokie i proste, jakby udało im się głębiej zapuścić korzenie, a inne przegrały walkę o przetrwanie i zwisały do góry nogami.

Bezkresne niebo zdawało się przywoływać drzewa do siebie, ale grawitacja je przyciągała, jakby bała się pozwolić im wzbić w przestworza. Jedynie kępa trawy i poskręcane korzenie powstrzymywały drzewa przed wpadnięciem do zimnej wody płynącej poniżej. Ich upadek był oczywiście nieunikniony, podobnie jak śmierć i rozkład... Ja także nie potrafiłem uniknąć wywrócenia mojego życia do góry nogami.

Wróciłem do Drew House i udałem się do swojego pokoju. Teraz gdy był do mojej wyłącznej dyspozycji, mogłem spać po dowolnej stronie łóżka, ale było to marne pocieszenie; wolałbym spać obok Michele. Znów zacząłem się zastanawiać, co takiego powiedziałem lub zrobiłem, że nie chciała nawet podwieźć mnie na lotnisko w Toronto. Odtworzyłem w pamięci wydarzenia poprzedniego wieczora z nadzieją, że uda mi się zidentyfikować chwilę, w której wszystko zaczęło się psuć.

– Nie wiem, dlaczego w ogóle chcesz ze mną być – powiedziała Michele, gdy kończyliśmy kolację w restauracji. Lokal był prawie pusty. Nalewałem mleko do kawy, podczas gdy Michele niewidzącym wzrokiem wpatrywała się w stojącą przed nią filiżankę herbaty.

– Co masz na myśli? – spytałem. – Chcę być z tobą, bo mi się podobasz. Czy to nie wystarczy?

– *Wystarczyłoby*, gdyby to była prawda – odrzekła. – Tak myślałam, gdy spotkaliśmy się po raz pierwszy. Boże, robiłeś wszystko, żebym wiedziała, co do mnie czujesz! Teraz jest inaczej i nie potrafię tego wyjaśnić.

– To skąd mam wiedzieć, co zrobić, jeżeli nie potrafisz mi powiedzieć, jak się zmieniłem? Według mnie nic się nie zmieniło. Przyleciałem tu, żeby się z tobą zobaczyć, zatrzymaliśmy się w uroczym pensjonacie, jemy kolację w przytulnej restauracji w miasteczku, o którym nigdy wcześniej nie słyszałem. Nie twierdzę, że wiem, co z nami będzie ani jak długo ze sobą będziemy, ale jesteśmy teraz razem. Tylko to się dla mnie liczy.

– Właśnie o to mi chodzi.

Jej dramatyczny ton nie pasował do wypowiadanych słów.

– Nie proszę cię, żebyś wiedział wszystko albo powiedział mi, jakie masz plany na najbliższe pięć lat. Chciałabym czuć, że naprawdę jesteś tu ze mną, a nie zdystansowany, skupiony na tym, co będziesz robił za tydzień.

Poczułem wewnętrzne napięcie i zacząłem wycofywać się do mojego bezpiecznego miejsca – jaskini, do której tylko ja miałem wstęp i gdzie nikt nie mógł mnie dosięgnąć. Na jej ścianach widziałem swoje zdjęcia z młodości, karty bejsbolowe i plakaty gwiazd rocka – wiele z nich stanowiło początkowy wystrój mojej bezpiecznej przystani. Między pamiątkami z lat siedemdziesiątych znajdowały się elementy, które dodawałem z biegiem czasu – ze studiów, a potem z małżeństwa, zakończonego dawno temu. Był to bardziej bunkier niż pokój: grube, ściany bez okien.

Michele zaczęła na mnie napierać, a ja, choć nie chciałem od niej uciekać, zacząłem wycofywać się w ciemność, gdzie mogłem poczuć spokój i swobodę.

Rozmawialiśmy w ten sposób aż do powrotu do Drew House. Szykowaliśmy się do snu i przez chwilę wydawało mi się, że rozładowałem napięcie, ale ono szybko wróciło. Wtedy już wiedziałem, że jest z nami krucho. To, że mój urok i moje poczucie humoru nie pomagały w walce z przygniatającym nas ciężarem, sprawiło, iż miałem wrażenie, że tonę. To uczucie mnie obezwładniało.

Michele nawet się nie przebrała, jakby czekała na wschód słońca, żeby czym prędzej uciec. I właśnie to uczyniła. Gdy nastał ranek, po cichu spakowała torbę. Nim wyszła z pokoju, odwróciła się do mnie.

– Chciałabym ciebie obarczyć winą, ale nie mogę. Mamy po prostu różne punkty widzenia. Nie mówię, że ja mam rację, a ty się mylisz. Po prostu tacy się urodziliśmy. I chyba tego nie zmienimy.

– Wiesz co, w młodości uważałem się za republikanina – odparłem z nadzieją, że zachęcę ją do pozostania. – Pamiętam, jak mój brat popierał McGoverna w wyborach w 1972 roku. Ja miałem tylko dziesięć lat, ale byłem za Nixonem. Oczywiście nie miałem pojęcia o polityce; po prostu powtarzałem słowa ojca. Było tak aż do końca ogólniaka. Dopiero na studiach zacząłem się zmieniać. Wcale się taki nie urodziłem – w pewnym momencie odkryłem, że potrafię patrzeć z nowej perspektywy i podejmować inne decyzje. Dlatego trudno mi uwierzyć w to, co mówisz... Nie rodzimy się z wyrokiem, jacy mamy być do końca życia. Mam wrażenie, że według ciebie wszyscy jesteśmy ofiarami.

– Ja *nie* jestem ofiarą – wykrztusiła, chwyciła torbę i skierowała się w stronę drzwi. Poszedłem za nią na parking i po raz pierwszy pomyślałem, że może będzie lepiej, jeśli się rozstaniemy. Wsiadła do auta i odjechała. Zostawiła mój liberalny tyłek bez środka transportu.

Gdy leżałem na łóżku i wpatrywałem się w sufit, zacząłem się zastanawiać, czy pobyt w Drew House to dobry pomysł. Może powinienem zamówić taksówkę do Toronto i wrócić do Portland? Część mnie chciała uciec (byłem w tym niezły), ale inna cząstka ciągnęła mnie w nowym kierunku. Chciała, żebym został i spędził więcej czasu z enigmatycznym kucharzem, który zdawał się wiedzieć tak dużo o miłości i życiu.

Miałem przeczucie, że Roger zna odpowiedź, której szukam, choć nie byłem pewny, jak brzmi pytanie. Jedyną rzeczą, która nie budziła moich wątpliwości, był fakt, że jakieś drzwi się zamknęły, a jednocześnie inne szeroko przede mną otworzyły... Niestety nie potrafiłem zadecydować, czy chcę przez nie przejść.

Wstałem i pomyślałem, że przespaceruję się po domu, żeby zabić nudę.

Jadalnia była ciemna, a z kuchni nie dobiegały żadne odgłosy. Obrazy i dekoracje w pokoju od razu kojarzyły się z europejskim wpływem. Zauważyłem dwa duże obrazy przedstawiające mężczyzn grających w jakąś grę, z długimi koszami przymocowanymi do ich rąk. Mieli na sobie białe ubrania, co wydało mi się niedostosowane do tak aktywnego sportu. Jeden z graczy chyba biegł do bramki, ale nic więcej nie potrafiłem odczytać. Wpatrywałem się w obrazy, gdy usłyszałem za sobą odgłos. Odwróciłem się i zobaczyłem, że w moją stronę zbliża się Roger, ubrany w lekką kurtkę.

– Ten sport nazywa się „chistera" – powiedział. – Grywa się w niego w baskijskiej części Francji. Jest bardzo popularny, a przynajmniej kiedyś był.

– Grał pan? – spytałem.

– O tak, ale tylko amatorsko. Mówi się, że to najszybsza gra świata. Naprawdę dobrzy zawodnicy potrafią rzucić piłkę z prędkością ponad trzystu kilometrów na godzinę. Uderzenie może być bardzo niebezpieczne.

– Kręcę się tu, bo pomyślałem, że może przydałaby się panu moja pomoc – powiedziałem z nadzieją, że nie będzie miał mi za złe, że chodzę za nim jak szczeniak.

– Wybieram się właśnie na targowisko, żeby kupić warzywa, a potem na grzyby do ulubionego miejsca w lesie. Może się pan przyłączyć, jeśli chce.

Zgodziłem się i poszedłem z Rogerem do jego ciężarówki. Wyjechaliśmy na drogę i ruszyliśmy do Elory, następnie skręciliśmy w lewo i minęliśmy most, który prowadził na autostradę.

– Chętnie posłuchałbym o tym, jak dorastał pan we Francji – powiedziałem. – Mówił pan, że mama silnie wpłynęła na pana technikę gotowania, zgadza się?

– Tak. Uczyłem się głównie od babci i matki... i jeszcze ciotki. Nauczyły mnie najważniejszych technik, z których większość stosuję do dziś, zwłaszcza tego, jak patrzeć na siły życiowe we wszystkim, z czym pracuję. Jeśli coś jest żywe, posiada energię, która wzbogaca życie; jeśli jest martwe (jak większość dzisiejszej przetworzonej żywności), to nie działa korzystnie, a nawet może być szkodliwe. O ile trzyma się pan tej jednej zasady: „kupować to, co żywe", każde danie będzie doskonałe, nawet jeśli nie jest pan utalentowanym kucharzem.

– Czy pańska matka wciąż żyje?

– Nie, odeszła dawno temu.

Roger zamyślił się.

– Zaraz po urodzeniu została sprzedana rodzinie Basków, którzy ją wychowali. Jej matka była piękną kobietą, która zakochała się w polskim żołnierzu. Gdy zaszła w ciążę, jej rodzice nie chcieli, żeby okryła hańbą rodzinę, więc sprzedali dziecko ludziom, którzy mieszkali daleko od nich. Gdy moja matka dorastała, wyróżniała się z tłumu, bo miała jasne włosy, co w kraju Basków jest niespotykane.

– Jaka była?

– Powiem tak – powiedział z uśmiechem. – Jeśli mam w sobie coś z awanturnika, to odziedziczyłem to po niej. Działała nawet w ruchu oporu w czasie wojny. Przemycała wiadomości, pomagała ludziom uciekać przed nazistami. Może pan sobie wyobrazić, jakie to było niebezpieczne. Wielu z jej przyjaciół zginęło. Mój wujek został zabity kilka dni przed końcem wojny.

Mijaliśmy gospodarstwa i puste pola. Roger wyjaśnił, że w okolicy dominują menonici, a większość rodzin, które uprawiają ziemię, posiada niewiele udogodnień, które my często uznajemy za niezbędne. Stare stodoły przypomniały mi o wiejskich zakątkach Pensylwanii, gdzie żyją amisze.

Pamiętam, jak w dzieciństwie jechałem tamtędy z ojcem i skończyła się nam benzyna. Ponieważ wydarzyło się to w miejscu, gdzie przeciętna rodzina nie posiadała samochodu, utkwiło mi to w pamięci. Mieliśmy szczęście, że znaleźliśmy rolnika, który miał nieduży zapas benzyny do generatora, choć i tak nigdy go nie używał. Odjechaliśmy tak szybko, jak to możliwe, z nadzieją, że dotrzemy do „cywilizacji", zanim znów skończy się paliwo.

– Zazwyczaj zatrzymuję się przy dwóch lub trzech stoiskach – powiedział Roger. – Właściciele mnie rozumieją i pozwalają mi robić swoje.

– To znaczy?

Miałem przeczucie, że oglądanie, jak Roger *robi swoje*, będzie ciekawe.

– Uczono mnie, żebym pozwolił warzywom przemówić do mnie – powiedział i puścił do mnie oko, więc zacząłem się zastanawiać, czy się ze mnie nie nabija. – Wszystko przemawia, jeśli wiemy, jak słuchać. Gdy biorę do ręki kabaczek lub cebulę, czuję je pod palcami i pozwalam przemawiać do mojej duszy. Jeśli są gotowe i chcą znaleźć się w moim garnku, to mi o tym powiedzą.

– To jakieś żarty, tak?

– Może trochę. Jedzenie *naprawdę* do nas przemawia, ale większość ludzi myśli o tym zbyt dosłownie. Słuchać trzeba uczuciami, a nie tylko uszami. Robię to od tak dawna, że wyczuwam, gdy warzywo jest odpowiednie. Przede wszystkim nauczyłem się ufać uczuciom, a z tym wiele osób ma największy problem.

– Z zaufaniem do samych siebie?

– Tak – potwierdził Roger. – To umiejętność, którą rozwijamy poprzez praktykę. Posiadłem ją za młodu. To intuicyjny język, zrozumiały dla każdej żywej istoty... zarówno ludzi, jak i psów czy roślin. Czasami po prostu coś wiemy, choć nie wiemy skąd. Ktoś może stwierdzić, że się mylimy albo gadamy bzdury, ale jeśli czujemy to w naszym wnętrzu, niestraszne są nam takie przeciwności i umiemy sobie udowodnić, że mamy rację. Właśnie tak traktuję jedzenie, a także wszystko inne w moim życiu. Gdy gotuję, czuję, że porozumiewam się ze wszystkimi składnikami. Właśnie dlatego nie ważę ich ani nie trzymam się kurczowo przepisów. Po tylu latach udaje mi się po prostu to *wiedzieć*, a im bardziej sobie ufam, tym lepsze gotuję posiłki.

– Powinienem to poćwiczyć – stwierdziłem. – Niestety często postępuję wbrew przeczuciom i nigdy się to dobrze nie kończy. Na przykład jak w przypadku Michele. Nawet gdy było między nami bardzo dobrze, w głębi duszy wiedziałem, że nie będzie tak, jak to sobie wyobrażam. W moich fantazjach była moim ideałem i mieliśmy się kiedyś pobrać. Jednocześnie jakiś głos podpowiadał mi, że lepiej się wycofać... ale nie chciałem go słuchać.

– Może ten głos chciał ci powiedzieć, że czas przestać szukać ideału w innych osobach i zdać sobie sprawę, że *sami* jesteśmy ideałem?

– Brzmi jak kwestia z filmu...

– Może i tak – ciągnął Roger. – Nic nie jest do końca oryginalne. Ale nikt nie zagra naszej roli, jeśli sami jej nie zagramy. *Ideał* nie oznacza braku wad; znaczy, że mimo niedociągnięć jesteśmy zdolni do miłości. Nawet jeśli związek nie jest taki, jak sobie wyobrażaliśmy, nie zamykamy swoich serc. Wtedy możemy zobaczyć, że wszystko jest doskonałe takie, jakie jest. Zwłaszcza my sami. Gwarantuję, że nigdy nie dostrzeże pan ideału w innej osobie, póki nie dostrzeże go pan w sobie.

Podjechaliśmy do małego stoiska z warzywami, a Roger zgasił silnik. Nagle poczułem się, jakbym wkraczał do innego świata, w którym rośliny i warzywa przemawiały cichymi głosami do każdego, kto chciał ich wysłuchać. Roger pomachał do starszej kobiety siedzącej w rogu namiotu, a ona uśmiechnęła się w odpowiedzi.

– Dzień dobry, przyjacielu – powitała go radośnie. – Zastanawiałam się, kiedy zawitasz.

– To mój przyjaciel James – powiedział Roger, gdy mijaliśmy rzędy owoców i warzyw. – Zatrzymał się u nas i uczy mnie o miłości.

– Ja uczę *pana*? – spytałem zaskoczony.

– Mam wrażenie, że to ty jesteś nauczycielem – powiedziała kobieta, skinąwszy na Rogera. – Wiesz więcej, niż dajesz po sobie poznać.

– Jedyne, co wiem, jest to, co potrafię dostrzec – powiedział – a gdy jestem z Jamesem, widzę część siebie, która odrobinę rozumie, ale wciąż ma przed sobą mnóstwo nauki. Właśnie dlatego dziś to on jest moim nauczycielem.

Wlepiłem wzrok w Rogera. Nie wiedziałem, co myśleć o jego komentarzu. Nie byłem pewny, czy to, co powiedział, było komplementem czy sprytnie rzuconym wyzwaniem. Zanim zdążyłem odpowiedzieć, Roger ruszył do koszów z warzywami. Przechodząc od jednego do drugiego, wybierał marchewki i cebule, wąchając je i – jak już wiedziałem – słuchając tego, co miały mu do powiedzenia. Gdyby nie nasza rozmowa w samochodzie, nie zwróciłbym uwagi na to, co robił, ale teraz patrzyłem na niego w inny sposób. Jeśli w tym szaleństwie była metoda, chciałem ją pojąć.

Odwiedziliśmy jeszcze dwa stoiska i przy każdym procedura się powtarzała. Rogera witano serdecznie – widać było, że jest lubianą i szanowaną osobą. Zacząłem zauważać też coś innego, coś mniej oczywistego i byłem ciekaw, czy inni także to dostrzegają.

Pomyślałem o Rogerze jak o nietypowym nauczycielu duchowości, który używa jedzenia jako inspiracji dla swoich lekcji. Za każdym jego słowem kryło się głębsze znaczenie, jakby otwierał się przede mną cały świat. Roger w pewnym sensie chował się za przyrządzanymi posiłkami i prostymi naukami, które z taką łatwością przekazywał. Równie dobrze mogłem być w buddyjskiej świątyni lub klasztorze, a nie w pensjonacie kawałek drogi od Toronto w towarzystwie mężczyzny, którego każde kolejne słowo utwierdzało mnie w przekonaniu, że mam do czynienia z mędrcem.

– Ile posiadał pan restauracji? – spytałem, gdy opuszczaliśmy wioskę menonitów i kierowaliśmy się w stronę ulubionego miejsca Rogera do zbierania grzybów.

– Pierwszą restaurację miałem we Francji, kiedy byłem bardzo młody. Wszystko w nią zainwestowałem: całe oszczędności i trochę pieniędzy od rodziców. Oczywiście chciałem osiągnąć sukces, ale nigdy nie myślałem o pieniądzach. Moja pasja była dla mnie najważniejsza i myślę, że ludzie to wyczuwali. Kiedy otworzyłem restaurację, nie miałem bogatego menu... Może pięć lub sześć dań. Ale każde z nich przygotowywałem doskonale. Moją specjalnością była zupa rybna. Ludzie zjeżdżali się na nią z całej okolicy. Do dziś to moje popisowe danie. Zawsze sądziłem, że lepiej mieć tylko kilka dań i gotować je doskonale niż wielkie menu przeciętnej jakości. Potem, kiedy na początku lat sześćdziesiątych przeprowadziłem się do Toronto, miałem kilka restauracji – dodał Roger. – Początek był bardzo trudny, ale gdy interes się rozkręcił, szło nam doskonale. Pamiętam, że księgowy zawsze czepiał się wydatków na składniki. Koszt jedzenia wynosił u mnie jakieś czterdzieści cztery procent, a to dużo więcej niż przeciętnie. W zwykłych knajpach, na przykład fast foodach, koszt jedzenia to około siedemnastu procent, a nawet mniej; w dobrych restauracjach – około dwudziestu ośmiu procent.

– Moje wydatki były niebywale wysokie, ale przy stolikach zawsze pełno – opowiadał dalej. – Pewnego razu mój księgowy przyszedł do mnie i powiedział: „Roger, masz za wysokie koszty! Koniecznie je zmniejsz, bo za mało zarabiasz". Spojrzałem na niego i odpowiedziałem: „Martin, nigdy w życiu nie zarabiałem tak dużo". On na to, że mógłbym zarabiać więcej... nawet dwukrotnie. A ja, że mam gdzieś jego wyliczenia, ile powinienem zarabiać. Moi klienci są szczęśliwi i wracają do mnie. Ja też jestem zadowolony, więc dlaczego miałbym ograbiać ludzi z tego, po co tu przychodzą? Martin pogodził się z tym, bo widział, że rok w rok restauracja przynosi zyski. Obiecał, że nigdy więcej nie będzie mi mówił, co mam robić.

– Podniesienie cen mogłoby zniechęcić klientów i nie odniósłby pan aż takiego sukcesu – zauważyłem.

– Zgadzam się. Właśnie dlatego logika księgowych niekoniecznie jest logiką Boga, który twierdzi, że wszystkim należy dawać wszystko. Wie pan, o co mi chodzi?

– Chyba tak. Nie należy zatrzymywać nic dla siebie, a dawać można nie tylko pieniądze, lecz także energię i pasję, i to zawsze, kiedy jest okazja.

Roger przytaknął.

– Bóg nie wylicza procentów i zysków. Zależy mu na naszej esencji i oczywiście na dzieleniu się nią. Jezus mówił o kobiecie, która oddała jeden grosz, a jej datek był dużo większy niż bogacza, który przekazał znaczną sumę. Dlaczego? Ponieważ oddała wszystkie swoje pieniądze i było to dla niej poświęcenie. Bogacz mógł dać więcej, ale nic go to nie kosztowało. Nie *poczuł* tego w ten sam sposób. Kobieta oddała swoją esencję, ponieważ wierzyła, że ona do niej wróci. Dlatego też Jezus wzywa apostołów, żeby sprzedali swój dobytek i rozdali pieniądze biednym. Nie wiem, czy naprawdę chciał, abyśmy byli biedni; to raczej duchowa lekcja o znaczeniu nieustannego dawania siebie. Na tym także polega piękno jedzenia – ciągnął swój wywód Roger. – Myśli pan, że jabłko lub marchewka wstrzymują się, gdy oferują się nam do zjedzenia? Dają nam swoją esencję, ponieważ wiedzą, że w ten sposób będą żyły w nas. Gdy przekazujemy swoją esencję innym, ona także żyje w innych. Oto logika Boga.

Kilka minut później Roger zaparkował wzdłuż ruchliwej drogi i wyjął z bagażnika dwa koszyki. Skinął na mnie, żebym poszedł za nim ścieżką wiodącą w gęsty las. Odgłosy samochodów szybko umilkły i znaleźliśmy się w innym świecie.

– To moje ulubione miejsce na grzybobranie – oznajmił Roger. – Na grzyby może być jeszcze za wcześnie, ale warto spróbować. To prawdziwy dar, gdy wyrosną. Uwielbiam się nimi dzielić z przyjaciółmi. Zbieram tylko tyle, ile potrzebuję na posiłki na kilka najbliższych dni.

– Jeszcze nigdy nie byłem na grzybach – powiedziałem. – Co powinienem wiedzieć?

– Dla mnie zbieranie grzybów to duchowe doświadczenie, łączność z ziemią... Doskonały sposób na wyzwolenie się od rzeczy, które nie mają znaczenia, i skupienie na tym, co proste i bezpośrednio dostępne. Dostrzeżenie grzybów jest bardzo trudne. Trzeba się całkowicie skupić, zwłaszcza teraz, gdy jeszcze nie obrodziły. Jeśli będzie pan skoncentrowany i pozwoli swojemu wzrokowi przeczesywać powierzchnię, może pan trafić na bogaty zakątek. Tak czy inaczej, nawet jeśli żadnemu z nas się nie poszczęści, będziemy mieli na koncie świetne duchowe ćwiczenie.

Poszedłem za nim, gdy zboczył ze ścieżki i podniósł z ziemi gałąź, którą zaczął odgarniać liście i małe gałązki. Zacząłem go naśladować i wkrótce zauważyłem, że idę w innym kierunku, w stronę płytkiego rowu, gdzie było sporo listowia. Miałem wrażenie, że to nie ja wybieram kierunek. Coś zdawało się mnie odciągać od Rogera i przywoływać w głąb lasu. Miałem nadzieję, że poszczęści mi się na grzybach. Po kilku minutach, nie napotkawszy ani jednego, pomyślałem, że Roger miał rację, mówiąc, że to jeszcze nie sezon. I znowu poczułem, że znalazłem się w tym miejscu w jakimś innym celu. Dalej jednak rozglądałem się po ziemi w poszukiwaniu skupiska grzybów.

Nagle przypomniał mi się czas, gdy miałem czternaście lat i wędrowałem bez celu po lesie otaczającym mój rodzinny dom. Wspomnienie było tak żywe, że wszystko inne jakby zniknęło, w tym ja w swojej dorosłej postaci. Znowu byłem dzieckiem pochłoniętym sprawami wówczas niezmiernie dla mnie ważnymi. Właśnie skończyłem ósmą klasę i z niepokojem czekałem na rozpoczęcie ogólniaka. Większość moich ówczesnych przyjaciół miała chodzić do szkoły publicznej, podczas gdy mnie zapisano do katolickiego ogólniaka po drugiej stronie miasta. A to oznaczało nowych przyjaciół, nowe środowisko i nowe wyzwania, z którymi musiałem się zmierzyć. Narastający we mnie strach stawał się nie do zniesienia. Był tak silny, że zwątpiłem, czy dam radę.

Coś kazało mi iść dalej, aż zniknę i nikt mnie więcej nie zobaczy. Mógłbym nauczyć się znajdować pożywienie w lesie i w ten sposób przetrwać. Myślałem nawet, że w razie potrzeby co noc zakradałbym się do miasta i podbierał pożywienie z domów stojących w pobliżu lasu. Oni by się nie zorientowali, a ja mógłbym wieść życie, które w tamtej chwili wydawało się atrakcyjną alternatywą. Konfrontacja z ukrytym we mnie strachem była zbyt przerażająca i ryzykowna. Choć wiedziałem, że śnię na jawie, i tak ucieczka przedstawiała mi się jako najlepsze rozwiązanie.

Równie nagle wróciłem do rzeczywistości. Nie byłem już czternastolatkiem, lecz czterdziestoośmiolatkiem. Chciałem zatrzymać te silne emocje i spróbować zrozumieć przyczynę mojego ówczesnego przerażenia. Może to, z czym nie potrafiłem zmierzyć się wtedy, teraz byłoby łatwiejsze. Pozwoliłem wspomnieniu zawładnąć mną jeszcze raz z nadzieją, że z ciemności wyłoni się to uczucie, ta mroczna postać, która ściga mnie od tak dawna.

Wziąłem głęboki oddech, nie odrywając wzroku od ziemi i pnączy pod moimi stopami. Były jak hipnotyczny bodziec przenoszący mnie w przeszłość, która zdawała się bardziej odległa niż w rzeczywistości. Nagle, bez ostrzeżenia, coś zaczęło się przede mną pojawiać. Wstrzymałem oddech i rozpoznałem własną twarz sprzed lat. Najpierw usłyszałem szept, który przybierał na sile i przenikał mnie, jak i moje młodsze wcielenie: „Nie zasługujesz na szczęście".

Nie było żadnego celu czy powodu, dla którego miałbym usłyszeć coś takiego – jedynie znajome poczucie braku wartości i przekonanie, że nigdy nie uda mi się doświadczyć prawdziwej miłości i spokoju. Kiedyś ukryłem to uczucie, a ono od dekad czaiło się w mojej podświadomości. Teraz znowu wróciło niczym duch przeszłości i nie wiedziałem, co robić.

Upadłem na kolana i zacząłem gwałtownie łapać powietrze. Pomyślałem o Rogerze i miałem nadzieję, że jest daleko stąd i nie zobaczy mnie w tym stanie. Moje czternastoletnie „ja" było w tej chwili silniejsze i choć starałem się wypchnąć je z umysłu, nie chciało się wynieść. Na pewno istniał powód, dla którego te uczucia wróciły... dla którego pozwoliłem strachowi mną zawładnąć i sprawdzałem jego siłę. Może to był faktyczny cel? Zmierzyć prawdziwość uczucia, którego wówczas nie rozumiałem, i dowiedzieć się, czy jest czymś więcej niż tylko widmem straszącym w moim wnętrzu.

Jego wpływ był z całą pewnością rzeczywisty. Pojąłem, że strach kontrolował całe moje życie w sposób, którego nigdy wcześniej nie zauważyłem, bo dopiero teraz spadły mi klapki z oczu. Żyłem w cieniu strachu tak długo, że stał się normalną częścią mnie, i właśnie to było źródłem jego siły. Tak bardzo zrósł się z moją świadomością, że wydawał mi się czymś naturalnym, wręcz przyjacielem – choć ukrytym i niespokojnym.

Próbowałem otrząsnąć się z tego strachu, ale ani drgnął. Spędziliśmy razem zbyt wiele czasu – minęło zbyt wiele lat, abym teraz tak łatwo mógł się z nim pożegnać. I wtedy pojąłem, że wcale nie muszę się go pozbywać. Teraz gdy zdałem sobie sprawę z jego istnienia, miałem inne wyjście. Choć bardzo chciałem zerwać z tym lękiem, był częścią mnie. Mimo że mylnie ocenił, kim jestem i na co zasługuję, był moim najstarszym przyjacielem. A takiej znajomości nie można się wyrzec; trzeba ją uszanować.

I wtedy zrozumiałem: nareszcie byłem gotów spojrzeć realnie i zobaczyć, że to tylko stare przekonanie, które miało się nijak do prawdy. Ale nie musiałem pozbywać się go ze swojego życia, podobnie jak starego przyjaciela, z którym nie mam już wiele wspólnego. Potrzebne jest stworzenie nowej relacji – takiej, którą się sobie uświadamia, ale nie poświęca jej zbyt wiele uwagi.

Ogarnął mnie spokój i poczułem powrót siły. Nie miałem pojęcia, jak będzie działała ta nowa relacja ani czy uczucie, które dziś mi się objawiło, pojawi się jeszcze raz, ale wiedziałem, że osiągnąłem coś wyjątkowego. Odniosłem zwycięstwo. Odetchnąłem świeżym powietrzem z nadzieją, że się nie mylę.

Wstałem i otrzepałem spodnie. U moich stóp leżał wciąż pusty koszyk. Podniosłem go i ruszyłem przed siebie. Po chwili usłyszałem wołanie Rogera. Ruszyłem w stronę jego głosu i po chwili odnalazłem ścieżkę. Wyprowadziła mnie z lasu na światło – tam, gdzie pragnąłem żyć.

ROZDZIAŁ 3

Krwawiące serce

Następnego ranka obudziłem się i wyciągnąłem rękę, aby dotknąć Michele. Potrzebowałem kilku sekund, żeby przypomnieć sobie, że jej nie ma i że wciąż jestem sam. Zamknąłem oczy i leżałem w bezruchu przez kilka minut. Chciałem znowu powrócić do snu, w którym się znajdowałem, zanim uświadomiłem sobie tę smutną myśl. Przypomniało mi się wczorajsze grzybobranie i przytłaczające uczucie, że omija mnie w życiu coś, co mi kiedyś obiecano. Gdzie się podziało moje szczęście?

Nie mogłem obwiniać czternastolatka bojącego się nowej szkoły o trzydzieści lat samotnego błąkania się po świecie. To wytłumaczenie wydawało się zbyt proste i naciągane. Było w tym coś jeszcze – coś świeższego i bardziej przygnębiającego, co skrywało się przed moją świadomością. Leżąc w łóżku, zdałem sobie sprawę, że to coś było kluczem do wszystkich moich uczuć: do tego, jak odpychałem od siebie radość i miłość i dlaczego nie byłem w stanie poczuć się komfortowo w życiu, które sobie stworzyłem.

Nowy dzień oznaczał też konfrontację z prawdziwym powodem, dla którego byłem sam i nie pozwalałem żadnej kobiecie na nadmierną bliskość. Nakryłem się kocem po ramiona, spróbowałem odprężyć i oddychać głęboko, żeby przywołać sen. Ale sen nie przychodził, a im dłużej tak leżałem, tym boleśniej odczuwałem swoją samotność. W końcu wstałem i podszedłem do umywalki z myślą, że ochlapanie twarzy zimną wodą zmieni tę depresyjną atmosferę.

Po chwili zszedłem do kuchni, gdzie spodziewałem się zastać Rogera. Myśl, że znów usiądę na taborecie i wysłucham jego przemyśleń o życiu i miłości, zdecydowanie poprawiła mi humor. W jadalni przy stole siedziała jedna para, a inna właśnie wychodziła. Starsza kobieta jadła sałatkę owocową, a jej mąż mieszał kawę. Właśnie zaczynali jeść śniadanie. Zerknąłem w stronę kuchni i zobaczyłem Rogera. Stał przy piekarniku, a po chwili zniknął w głębi pomieszczenia. Nie byłem pewny, czy jestem mile widziany w kuchni, ale po kilku sekundach wahania postanowiłem to sprawdzić. Zajrzałem przez otwarte drzwi. Gdy mnie zauważył, uśmiechnął się serdecznie.

– *Bonjour* – powiedział i przysunął w moją stronę taboret. – Miałem przeczucie, że niedługo pan wstanie. Proszę usiąść, a ja przygotuję śniadanie dla tej pary w jadalni.

Usiadłem, a po chwili Roger nalał mi kawy. Dodałem śmietankę i cukier, które stały na blacie obok mnie.

– Wie pan, obudziłem się rano z ciekawą myślą – powiedział Roger. – Brzmiała: „Wszystko jest proste, gdy wiesz, jak to zrobić". Co to może znaczyć?

– To chyba jedno z najbardziej oczywistych prawideł, jakie w życiu słyszałem – odrzekłem i upiłem łyk kawy.

Roger przytaknął i mówił dalej:

– A mimo to prawda ta często nam ucieka. Mamy w zwyczaju nadmiernie komplikować to, co można zrobić prosto i dobrze.

Jeśli chodzi o gotowanie, sekret tkwi w jakości, a nie intensywności działań.

– Intensywności? – spytałem. – Ale jak coś może stać się proste, jeśli nie zrobimy tego wystarczająco wiele razy, żeby stało się łatwe i instynktowne?

– Mam na myśli powstrzymanie się przed imponowaniem innym osobom albo próbą bycia kimś, kim w głębi duszy się nie jest. Mistrz to ten, kto robi rzeczy proste w sposób, który wydaje się wyjątkowy. Rozumie pan, co mam na myśli?

– To znaczy, że... yyy...

– Aby zostać mistrzem, trzeba uszanować źródło. Na przykład mistrz duchowy szanuje źródło życia, czyli Boga. Mistrz malarstwa szanuje innych mistrzów, którzy go zainspirowali. Mistrz kuchni szanuje źródło jedzenia, które przygotowuje: ziemię, wodę oraz wszystko, dzięki czemu pożywienie znalazło się w jego kuchni. Tego nie uczą w szkołach gastronomicznych. Szefom kuchni zazwyczaj wpaja się szacunek dla samych siebie i własnych umiejętności, a nie dla tych, którzy umożliwiają im pracę. Dlatego ja staram się nigdy o tym nie zapominać. Zawsze myślę o rolniku albo rybaku i każdym, kto pozwala mi gotować. Jeśli skupiam na tym swoją energię, to ona przepływa przez wszystko, co robię. Ludzie wyczuwają smak miłości... nie tylko mojej, ale i tych, którzy mi pomogli.

Roger mówił, jednocześnie trąc na tarce kilka ziemniaków. Gdy starł ich wystarczająco dużo, chwycił garść papki i odcisnął sok do zlewu.

– Przygotowuję rösti – powiedział. – To szwajcarski przepis, spopularyzowany przez rolników z okolicy Berna. Wiele osób uważa to danie za narodowe. Jest naprawdę łatwe. To takie placki ziemniaczane, ale niemiecka nazwa brzmi lepiej.

– Często podaje je pan swoim gościom? – spytałem, bo nie wiedziałem, co powiedzieć, a nie chciałem kończyć rozmowy.

– Nieczęsto, ale zapragnąłem zrobić je dla pana ze względu na to, o czym rozmawialiśmy. Powtórzę, że najlepsze jest to, co proste. Ludzie sądzą, że francuska kuchnia jest skomplikowana i trudna do opanowania. Może tak być, jeżeli uczą się jej w typowy sposób, ale dla mnie ważniejsza jest jej prostota i łatwość samodzielnego przyrządzania dań. Pan nigdy nie gotował... nie mylę się?

– To aż tak oczywiste? – spytałem.

– Cóż... tak i nie. Nie chodzi o to, co pan powiedział czy o co spytał... Zdradził pana sposób patrzenia – dziecka, które przygląda się rodzicowi, bo chce zapamiętać każdy jego ruch, aby potem spróbować samemu. Po tym, jak pan na mnie patrzy, wiem, że to wszystko jest dla pana nowe.

– To prawda. Nigdy nie nauczyłem się gotować. Nie przyznam się, ile pieniędzy wydaję na restauracje, zamiast stołować się w domu.

– To danie będzie pan w stanie zrobić samodzielnie – odparł Roger z uśmiechem. – I może uda się panu zaimponować osobie, dla której pan je ugotuje. Po odciśnięciu soku z ziemniaków trzeba dodać dwa jajka, szczyptę soli i wszystko zamieszać. Jaja pomogą połączyć składniki, gdy przyjdzie czas na smażenie.

Roger zamieszał składniki z łatwością godną mistrza i uformował kilka małych placków. Umieścił je na rozgrzanej patelni z oliwą z oliwek. Tłuszcz zaczął syczeć i strzelać, a po kilku minutach zajadałem się pierwszymi plackami.

– Naprawdę pycha – powiedziałem. Oddychałem przez usta, żeby schłodzić placka.

– Ależ oczywiście! – Roger dalej smażył placki – dla pozostałych gości. – A teraz muszę panu zadać bardzo ważne pytanie.

Odłożył łopatkę i spojrzał mi prosto w oczy.

– Jaką umiejętność pragnie pan opanować?

Zaskoczył mnie tym pytaniem i niemal zakrztusiłem się śniadaniem.

– Co chcę opanować? – spytałem, żeby zagrać na zwłokę. – Chyba nie wiem, co ma pan na myśli.

– Wszystko jest łatwe, gdy to opanujemy – powtórzył. – Pytam, co pan chce opanować, bo z czymś pan walczy i jestem pewny, że ta walka trwa od lat. Zatem pytam, jak może pan to opanować?

Dokładnie wiedziałem, co ma na myśli, ale wciąż nie byłem gotów tak szybko się otworzyć. Mogłem powiedzieć, że chciałem opanować grę na gitarze albo być lepszym pisarzem... ale nie o to mu chodziło i doskonale zdawałem sobie z tego sprawę.

– Dlaczego sądzi pan, że z czymś walczę? – spytałem z nadzieją, że uniknę jego pytania.

– Wszyscy z czymś walczymy.

Roger ponownie chwycił łopatkę i przełożył placki.

– Wczoraj rano walczył pan z faktem, że został porzucony przez kogoś, na kim panu zależało. Ona odjechała i zostawiła pana na podjeździe jak smutnego psa, jeśli dobrze pamiętam. Na pewno jest coś, z czym pan walczy, ale jeśli nie chce pan o tym rozmawiać...

– Nie, nie, możemy porozmawiać. Oczywiście, że tak... Po to tu jestem, prawda? Nie wierzę w przypadki, nie takie. Michele mogła porzucić mnie gdziekolwiek, ale wybrała miejsce, w którym oświecony francuski kucharz zadaje mi pytania, z którymi nie chcę się zmierzyć.

– Z całą pewnością nie jestem...

– *Oświecony?* – przerwałem mu, bo wiedziałem, że tego typu deklaracje nie leżą w jego naturze. – Zależy, jak kto rozumie to słowo. Z tego, co zdążyłem się zorientować, pan jest nie tylko utalentowanym kucharzem, ale także potrafi przekazać cenną wiedzę duchową. To nie przypadek, że utknąłem na pana podjeździe, więc pragnę dać z siebie wszystko.

– To dobrze – powiedział. – Proszę więc powiedzieć, co chce pan opanować.

Powoli napiłem się kawy, zanim zdobyłem się na odpowiedź.

– Pana pytanie sugeruje, że jestem tu po to, aby opanować coś, z czym się zmagam – powiedziałem. – Najbardziej oczywistą rzeczą w tej chwili jest bliskość. Z jednej strony uważam się za bardzo dobrą osobę: typ faceta, z którym chciałaby być każda kobieta. Z drugiej strony nie potrafię być w związku na tyle długo, aby się utrwalił.

– Od jak dawna tak się dzieje? – spytał Roger.

– Od kiedy? Chyba od kiedy pamiętam... Z pewnością od kilku lat.

– Więc tak czy inaczej czuł pan to od dawna – odrzekł, jakby zmierzał do czegoś ważnego – ale w ostatnich latach to się nasiliło. Jak pan myśli, dlaczego?

– Dlaczego w ostatnich latach?

Gdy zadałem to pytanie, poczułem, jak coś w moim brzuchu się zerwało niczym bestia z łańcucha. Słowa Rogera były jak torpedy wycelowane w to, o czym nie chciałem myśleć, nie wspominając o rozmawianiu. Mówienie o tym oznaczałoby, że musiałbym to *poczuć*, a to było zbyt przerażające, zwłaszcza w kuchni Rogera.

– Tak – powiedział, co wyrwało mnie z zamyślenia. – Dlaczego jest panu trudniej niż poprzednio?

Nagle wstałem z filiżanką kawy w dłoni.

– Przepraszam, ale dziś nie zjem śniadania – powiedziałem szybko i wycofałem się w stronę jadalni. – Nie czuję się najlepiej. Posiedzę trochę w pokoju.

Odwróciłem się i niemal wpadłem na Kathleen, która niosła talerze z jadalni.

– Ojej, przepraszam! – zawołała, zwinnie uskoczywszy w bok, i przecisnęła się obok mnie. – Pomyślałam, że poznoszę naczynia. Pan już po śniadaniu?

– Właśnie zamierzałem...

– Zamierzał zjeść – przerwał Roger. – Wyświadczy mi pan przysługę i usiądzie w jadalni na chwilę? Dokończę śniadanie dla gości, a potem chciałbym coś panu dać. Może być?

Spojrzałem na niego i w jego oczach dostrzegłem taką czułość, że nie mogłem odmówić.

– Dobrze... Poczekam – powiedziałem. Powoli podszedłem do najbardziej oddalonego stolika i usiadłem. Kręciło mi się w głowie i nie wiedziałem dlaczego. To coś, co zerwało się z łańcucha w mojej duszy, jeszcze nie przedostało się do świadomości. Między nami wciąż wznosiła się ściana, która mnie chroniła.

Wziąłem kilka głębokich oddechów, żeby się ocucić, ale nie pomogły. Ciężar, który dziś poczułem zaraz po przebudzenia, przygniatał mnie teraz jak lokomotywa. Miażdżyło mnie coś, czego nie potrafiłem zidentyfikować, choć musiała to być najbardziej osobista rzecz w moim życiu. Po chwili z kuchni wyszedł Roger z dwoma talerzami, które podał starszemu małżeństwu. Zamienił z nim kilka słów, których nie dosłyszałem, i odwrócił się w moją stronę.

– Dolewkę kawy? – zaproponował. – Zajmie to tylko minutę.

– Nie, już mi wystarczy – powiedziałem. Starałem się trzymać emocje na wodzy.

Roger usiadł obok mnie.

– Przepraszam, jeśli nadepnąłem na odcisk – powiedział. – Wyczułem jakiś problem, ale nie wiedziałem, że leży tak głęboko. Nie chciałem wywierać presji.

– Wcale pan nie wywierał. I szczerze mówiąc, nawet nie wiem, co czuję. Może Michele mnie zraniła pozostawieniem tutaj, a może to dlatego, że wstałem dziś lewą nogą.

– A może znalazł pan to, co chce opanować – zasugerował z uśmiechem. – Zazwyczaj jest to coś, co najbardziej nas przeraża. Po tym możemy to poznać. Gdyby to było coś łatwego i widocznego gołym okiem, nie byłoby żadnym wyzwaniem. Według mnie dusza zawsze poszukuje wyzwań, bo musi pozbywać się tego, co nie służy wyższemu celowi... Ale to nigdy nie jest łatwe. Czy mówię do rzeczy?

– I to jak – zgodziłem się. – Ale i tak nie mam pojęcia, o co chodzi. Coś się we mnie poruszyło, ale nie wiem nawet, co to takiego. Mam przeczucie, że to coś, przed czym uciekałem... Pewnie przez to tak bałem się bliskości.

– A dlaczego pan od niej uciekał? – spytał.

– Pewnie konfrontacja byłaby zbyt bolesna... A może to tylko wierzchołek góry lodowej i nie wiadomo, co kryje się pod powierzchnią.

Kathleen wyszła z kuchni i zatrzymała się przy stoliku.

– Mam parę spraw do załatwienia w biurze – powiedziała. – Nic ciekawego mnie nie omija, prawda?

Roger wstał i ją pocałował.

– Kochanie, ciebie nigdy nic nie omija – zapewnił. – Właśnie dlatego tak bardzo cię kocham i dlatego się z tobą ożeniłem.

Jego słowa wywołały lawinę w moim wnętrzu. I już wiedziałem, przed czym uciekam. To coś było zbyt bolesne i wymagało zbyt wiele energii, aby się z tym pogodzić. Odwróciłem się na chwilę z nadzieją, że moja twarz nie zdradzi moich uczuć. Roger przytulił Kathleen na pożegnanie, a gdy wyszła z sali, usiadł i skierował się w moją stronę.

– Mówiłem, że byłem kiedyś żonaty? – spytałem, choć słowa więzły mi w gardle.

– Nie, nie wiedziałem – powiedział Roger.

– Poznałem Lindę zaraz po studiach w 1984 roku – ciągnąłem. – Oboje mieliśmy po dwadzieścia dwa lata. Ja nigdy wcześniej nie byłem w związku. Dokładnie pamiętam dzień naszego spotkania, bo pomyślałem, że jest najpiękniejszą kobietą, jaką w życiu widziałem. Oszalałem na jej punkcie w ciągu kilku sekund i już wtedy wiedziałem, że zostanie moją żoną. Nie mogłem uwierzyć, gdy później przyznała, że poczuła to samo... Byłem najszczęśliwszym facetem na świecie. Rok później byliśmy już małżeństwem, a wkrótce pojawiła się nasza córka Angela. Wydawało się, że spełniły się moje nadzieje. Niestety byłem zbyt młody i niedojrzały, żeby nam się udało – snułem swoją opowieść. – Potem wielokrotnie plułem sobie w brodę, ale wtedy nie byłem jeszcze gotowy na taką odpowiedzialność. Po jakimś czasie zdecydowaliśmy się na separację, a ona postawiła na mnie krzyżyk. To zabawne, ale przez kolejnych piętnaście lat nie przeprowadziliśmy rozwodu, bo wciąż byliśmy bliskimi przyjaciółmi, a ja nie chciałem kończyć tego małżeństwa. Robiłem, co mogłem, żeby ją odzyskać, ale czasem, gdy staramy się za bardzo... W każdym razie w pewnym momencie wyczułem zmianę. Jakieś sześć lat temu Linda stwierdziła, że chciałaby być bliżej córki i mnie. Po ogólniaku Angela przeprowadziła się do Oregonu i Linda pewnie za nią tęskniła. Ogromnie się ucieszyłem, jak może się pan domyślać. Miałem nadzieję, że w końcu nam się uda... Choć nie miałem pojęcia, czy ona w ogóle myślała o zejściu się. Ale czułem, że znowu się na mnie otwiera. Już myślałem, że moje marzenie o odzyskaniu żony się ziści...

– To wspaniałe – powiedział Roger. – Ale coś musiało się wydarzyć.

Wziąłem głęboki oddech, lecz nie wiedziałem, czy uda mi się ciągnąć opowieść.

– Minęły dwa tygodnie. Rozmawiałem z Lindą przez telefon, omawialiśmy szczegóły naszych planów. Powiedziałem, że bardzo się cieszę, a ona przyznała, że też jest podekscytowana. Może słyszałem to, co chciałem usłyszeć, ale miałem wrażenie, że daje nam szansę. Od naszego rozstania minęło osiemnaście lat, ale przeczuwałem, że tym razem się ułoży. Niestety następnego ranka wydarzyło się coś potwornego...

Starsze małżeństwo zjadło śniadanie i podeszło do naszego stolika. Nawet tego nie zauważyłem. Mężczyzna dotknął ramienia Rogera, a ten się do niego odwrócił.

– Dziękujemy za doskonałe śniadanie – powiedział staruszek.

– Tak, było idealne – dodała jego żona. – Chętnie usiadłabym z panem w wolnej chwili i wypytała o gotowanie. Musi pan znać milion przepisów.

– Za miesiąc tu, w Drew House, będę prowadził zajęcia kulinarne – odparł Roger. – Mamy państwa adres, więc na pewno przyślę informację o kursie.

– Byłoby cudownie – ucieszyła się kobieta.

– Opłaciliśmy już nasz pobyt – poinformował mężczyzna. – Nie chcemy panom przeszkadzać, więc proszę się nami nie przejmować.

– Dziękuję za wizytę i zapraszam ponownie – powiedział Roger z uśmiechem. Po chwili odwrócił się do mnie. – Przepraszam. Powiedział pan, że następnego ranka wydarzyło się coś potwornego...

Czułem, jak moje pięści zaciskają się pod krzesłem, jakby było szalupą ratunkową. Nie chciałem brnąć w tę opowieść. Chciałem wybiec z jadalni i nie zatrzymywać się aż do Toronto. Dlaczego pozwoliłem sobie otworzyć te drzwi? Czy naprawdę musiałem odnawiać ranę, która tak bardzo wpłynęła na moje życie? Każde marzenie, każda nadzieja i każdy smutek w moim życiu były w jakiejś mierze związane z tą historią. Tyle razy o tym mówiłem, że już nie chciałem do tego wracać, ale... Ale wiedziałem, że jedynie teraz mogłem dokończyć opowieść.

– Następnego ranka dowiedziałem się, że Linda została zamordowana – powiedziałem. – W Minnesocie. Obudzili mnie moi rodzice, bo dowiedzieli się pierwsi. Angela spała, i to ja musiałem jej powiedzieć, że już nigdy nie zobaczy swojej mamy. Teraz wydaje mi się to snem, najgorszym koszmarem, jakiego doświadczyłem. Pytał pan, co mnie przeraża w bliskości i przed nią powstrzymuje. Chyba to. Chyba część mnie nie chce już nigdy podejmować takiego ryzyka, bo wie, jak łatwo można stracić ukochaną osobę.

„Powinien istnieć jakiś system alarmowy, informujący o nadciągającym najgorszym dniu życia" – pomyślałem nagle. Przed huraganami i torpedami ostrzegają syreny, ale burze, które niszczą twoje życie, przychodzą niezapowiedziane. Śpisz spokojnie, gdy w jednej chwili twój świat eksploduje, a szrapnele rozrywają twoje życie bez ostrzeżenia. Patrzysz na swoje dłonie i stopy i zastanawiasz się, czemu ich nie czujesz, ale za moment zdajesz sobie sprawę, że nie są już częścią twojego ciała. Po chwili pojmujesz, co się stało: dłonie i stopy działają, to tylko serce zostało rozszarpane.

– Po pierwsze wiedz – odezwał się Roger, przechodząc na „ty", i dotknął mojej dłoni – jak bardzo mi przykro, że spotkało cię coś tak potwornego. Nie potrafię sobie nawet wyobrazić, co musiałeś czuć.

– I mam nadzieję, że nigdy nie będziesz musiał. O takich rzeczach czyta się w gazetach i ogląda się je w telewizji. Takie rzeczy nie zdarzają się ludziom, których znasz i kochasz.

– Wiadomo, kto był sprawcą i czemu to zrobił?

– Tak i nie. Złapali jednego ze sprawców, ale wciąż nie wiedzą, co było przyczyną. Przestępcy nie mieli motywu, przez co jeszcze trudniej jest mi się z tym pogodzić. Gdy taka zbrodnia nie ma widocznego powodu, dużo ciężej jest z nią żyć.

– W związku z tym, co powiedziałeś – odezwał się Roger i oparł o krzesło – mam kolejne pytanie. Możesz nie być gotów na udzielenie mi odpowiedzi, i nic nie szkodzi. Ale chcę je zadać, abyś pomyślał o nim na nowym etapie uzdrowienia.

Wziąłem głęboki oddech, bo wiedziałem, że jego pytanie może zadziałać jak uderzenie obuchem. Mimo krótkiego czasu spędzonego z Rogerem czułem, że mogę mu zaufać i że potrafi wejrzeć w ludzką duszę. Mogłem się mu opierać, ale w tamtej chwili uznałem, że zrobię lepiej, jeśli się odprężę i pozwolę poprowadzić tam, gdzie sam bym nie trafił.

– Boisz się kogoś pokochać, bo wiesz, jak łatwo stracić ukochaną osobę – mówił. – To logiczne i zrozumiałe. Ktoś, kto doświadczył takiej traumy, musi mieć możliwość opłakania i pełnego odczucia swojej straty. Ale ile czasu potrzebujesz, zanim znów zechcesz pokochać i zrozumieć, że miłość i strata to dwie strony medalu? Możesz spędzić resztę życia na ucieczce, bo boisz się, że nie pokochasz nikogo tak jak Lindę, a gdyby ci się udało, także mógłbyś tę osobę stracić. Ale co to będzie za życie? Według mnie to nie jest pełnia życia, tylko połowiczna egzystencja. Pewnie miliony ludzi na świecie tak żyją: stracili coś cennego i nie udało im się zaleczyć ran. Zatem pytam cię, James: jesteś gotowy zaufać miłości i otworzyć swoje serce? Zanim odpowiesz, zapytaj siebie, czy minęło dość czasu, czy wystarczająco uczciłeś pamięć Lindy.

Zalała mnie fala gniewu. Czy wystarczająco uczciłem jej pamięć? Co to za pytanie?! Oczywiście, że nie. Nie uczciłem jej, gdy jako dwudziestopięciolatek spisałem na straty nasze małżeństwo i wszystko, co razem stworzyliśmy. Nie uczciłem jej przez te wszystkie lata, które spędziłem na budowaniu kariery, podczas gdy ona ledwo się utrzymywała, wychowując naszą córkę. Zasłużyłem na wszystko, co teraz czułem. To była moja dobrowolna kara za grzechy, które przeciw niej popełniłem.

– Posłuchaj – powiedziałem do Rogera – rozumiem, że chcesz mi pomóc i potrafię docenić twoje słowa, ale naprawdę nie masz pojęcia, o czym mówisz. Prawda jest taka, że nigdy nie będę w stanie wystarczająco uczcić jej pamięci. Nawet jeśli pozostanę nieszczęśliwy do końca życia, to i tak będzie za mało.

– To pozwól, że zadam ci jeszcze jedno pytanie – odparł Roger z taką łagodnością w głosie, że skutecznie rozładował napięcie. – Co powiedziałaby Linda, gdyby tutaj była? Gdyby siedziała z nami przy stole i usłyszała wszystko, co powiedziałeś... Myślisz, że ciebie obarczyłaby odpowiedzialnością? A może powiedziałaby, że czas sobie wybaczyć?

– Wiem dokładnie, co by powiedziała – odrzekłem i oparłem się o krzesło. – Wiem, bo tego doświadczyłem. Jakiś rok temu coś się wydarzyło, może to był sen, w którym znów ze mną była, albo coś dużo bardziej realnego. Czułem się tak samo jak teraz, a ona pozwoliła mi inaczej na to spojrzeć. Wybaczyła mi, wiem o tym. Wiem też, że żałoba ma wiele warstw, trochę jak skóra. Leczysz jedną warstwę, a po chwil pojawia się kolejna i zaczynasz od początku.

– Całkiem jak czosnek – powiedział. – Zostałeś zmiażdżony i nie możesz wciągnąć soku do środka. Może wcale nie musisz.

– Co masz na myśli? – spytałem.

– Może nie musisz być tą samą osobą co kiedyś. To pewnie zresztą nieosiągalne. Ale możesz być pełniejszy i możesz ten dar przekazywać innym. Niemal każdy stracił kogoś bliskiego, a wiele osób ciągle ma poczucie winy i żal tak jak ty. Nie musisz wracać do przeszłości ani tkwić w miejscu. Możesz znaleźć sposób, aby pomagać innym dzięki swojemu doświadczeniu.

– Próbowałem – wykrztusiłem, gdy udało mi się oderwać ręce od krzesła. – Szczerze mówiąc, im częściej to robię, tym jest łatwiej. Napisałem książkę o moich doświadczeniach z Lindą i zdziwiłem się, na jak wiele osób wpłynęła. Ludzie pisali do mnie, że moja historia pomogła im zagoić rany. Ale czas płynie, a ja wciąż wracam do punktu wyjścia, przytłoczony winą i bez przebaczenia, choć wydawało mi się, że mam już to za sobą.

– Nigdy nie będziesz miał tego za sobą – powiedział Roger. – A to znaczy, że nigdy nie powinieneś przestawać dawać z siebie tego, czego najbardziej potrzebujemy. To brzmi bardzo prosto, ale to najpotężniejszy dar, jaki możesz ofiarować: im bardziej pomożesz innym, tym bardziej pomożesz sobie.

– Bo dając, otrzymujemy... a kochając, jesteśmy kochani – dodałem.

– Gdzieś to słyszałem, ale nie wiem gdzie.

– To modlitwa świętego Franciszka – powiedziałem. – „Spraw, abyśmy mogli nie tyle szukać miłości, co kochać..." To mój ulubiony fragment. I chyba jest idealny w mojej sytuacji.

– A to przypomina mi pytanie, które dziś ci zadałem – ciągnął Roger. – Co musisz opanować w swoim życiu?

Teraz pytanie nabrało nowego sensu, jakby ktoś odciągnął zasłony i wpuścił do pomieszczenia mnóstwo światła.

– Jestem tutaj, żeby zostać mistrzem miłości – powiedziałem w końcu. – Nie wierzę, że to mówię, ale to chyba będzie moja najważniejsza lekcja. Po tym wszystkim, co mi się przytrafiło od śmierci Lindy po wczorajsze rozstanie z Michele, to chyba znak, że mam w końcu pojąć miłość i doświadczyć jej w sposób, którego nawet sobie nie wyobrażam.

– A gdy stanie się to nie do zniesienia? A gdy twoje wnętrze podpowie ci, że czas uciekać, nie oglądając się za siebie?

– Wtedy będę musiał się zatrzymać i przyjrzeć sobie, żeby znaleźć cząstkę, która najbardziej boi się miłości. Zaczynam rozumieć, że to ta cząstka potrzebuje największego rozwoju i tylko tak zdołam opanować sztukę miłości. Jeśli starczy mi odwagi na konfrontację, to krok po kroku uda mi się nauczyć tego, po co tu przyjechałem.

Roger uśmiechnął się.

– Powiedz mi, James... Czego zamierzasz się tutaj nauczyć?

– Zamierzam nauczyć się bliskości – powiedziałem i poczułem się jak naiwniak, choć wiedziałem, że to prawda. – Chyba wszyscy musimy nauczyć się tej lekcji – a jest najtrudniejsza na świecie...

I miała okazać się zdecydowanie trudniejsza, niż sądziłem, wypowiadając tamte słowa.

ROZDZIAŁ 4

Kolejna szansa

Wróciłem do pokoju i położyłem się na łóżku. Miałem ochotę zasnąć i zapomnieć o wszystkim, co obudził Roger. Ostatnie, czego chciałem, to myśleć o Lindzie, kobiecie, którą od lat opłakiwałem. Czasami ból wydawał się tak dojmujący, jakbym dopiero co ją stracił. Innymi razy wspomnienie o niej umykało do zakątków mojej pamięci, gdzie modliłem się do Lindy i ją czciłem, jakby była ikoną w kościele. Ale gdy miałem zdjąć ze ścian jej wizerunek i zastąpić go kimś z krwi i kości, kimś, przed kim mógłbym otworzyć serce, wycofywałem się. Bo oznaczałoby to zbyt wielkie ryzyko, z którym mógłbym sobie nie poradzić.

Gdy tak leżałem, myślałem o tym, jak szybko ta romantyczna wycieczka z Michele zmieniła się w pobyt w czyśćcu. Utknąłem gdzieś między niebem a piekłem i choć Roger wysilał się, żeby wskazać mi wyjście, nie byłem gotów z niego skorzystać. Choć cierpienie nie było przyjemne, przyzwyczaiłem się do niego. W zasadzie sprawiało mi przyjemność. Zdałem sobie sprawę, że po raz pierwszy poczułem, jakby żałoba mnie opuszczała, jakbym był gotów znów cieszyć się życiem. Ale ponownie przytłoczyły mnie wyrzuty sumienia i strach. Przegoniłem promyk nadziei niczym ptaka, który przypadkowo wleciał przez otwarte okno, a mnie zależało jedynie na tym, aby zwrócić mu wolność. Zasługiwał na nią jak każda boska istota – oprócz mnie. Dla mnie był to nieosiągalny luksus, na który ani nie zasługiwałem, ani nie liczyłem.

Wpatrywałem się w sufit i czułem powracające poczucie winy. Jeszcze kilka dni temu miałem nadzieję, że jestem gotów otworzyć serce i że Michele okaże się kobietą, która zmiecie pajęcze sieci, ale pomyliłem się. Albo to ja nie byłem gotów, albo ona nie była tą jedyną... Zresztą to i tak bez różnicy.

Musiałem przyznać się do czegoś jeszcze. To było schowane znacznie głębiej i nie chciałem tego widzieć ani o tym myśleć. Przypomniała mi się osoba, którą znałem i kochałem, ale od której odwróciłem się tak samo jak od Lindy. Część mnie nie chciała pamiętać – jakbym w głębi duszy wiedział, co odkryję – ale wspomnienie wróciło z gwałtowną siłą, a ja nie potrafiłem go zatrzymać. Było na to zbyt późno, więc odprężyłem się i otuliłem pamięcią niczym flagą dawno zapomnianej cywilizacji, pogrzebanej pod warstwą czasu i rozkładu.

Nim spotkałem się z Nancy w Chicago, znaliśmy się jakieś pięć lat. Była uznaną fotografką z Montrealu i moją serdeczną przyjaciółką, ale nigdy nie sądziłem, że mógłbym się w niej zakochać. Byłem w mieście w odwiedzinach u znajomych, a ona przyjechała na konferencję. Umówiliśmy się na kolację, bo nie widzieliśmy się kilka miesięcy i chcieliśmy pogadać, ale od razu wyczułem zmianę. Być może chodziło o sposób, w jaki mnie przytuliła, nie puszczając tak szybko jak wcześniej, albo o to, jak patrzyła mi w oczy, gdy siedzieliśmy przy stole. Coś się we mnie zapaliło – iskra, która znalazła odpowiednie podłoże i była gotowa wzniecić pożar. Wszystko działo się tak szybko, że nie potrafiłem zwolnić... Zresztą wcale nie chciałem.

Nancy przysunęła do mnie swoje krzesło. Powiedziała, że chce mnie lepiej słyszeć, ale w restauracji było cicho. Wyczułem prawdziwy powód, zanim zdążyła się odezwać. Zaczęło się od stykających się nóg, jakbyśmy się sprawdzali. Gdy się nie odsunąłem, sięgnęła pod stół i chwyciła mnie za rękę. Jej dotyk był bardzo przyjemny. Miałem wrażenie, że trzymamy się mocniej, niż potrzebujemy – jakby jedno z nas miało spaść w przepaść, a drugie z całej siły powstrzymywało nieunikniony upadek.

Wtedy jeszcze nie wiedziałem, jak trafne było to porównanie. Skąd mogłem wiedzieć, że wykorzystujemy siebie nawzajem jako podpory, aby nie spaść z klifu, którego nawet nie potrafiliśmy dostrzec? Gdy go w końcu zobaczyliśmy, było za późno.

W tamtym czasie od śmieci Lindy minął zaledwie rok, a ja wciąż próbowałem się pozbierać po tej szokującej stracie. Myśl o umawianiu się z inną kobietą wydawała się dziwna, wręcz odpychająca, ale coś w Nancy sprawiało, że czułem się przy niej nieskrępowany. Dobrze się znaliśmy i była między nami swoboda, a tego właśnie potrzebowałem. Było też coś jeszcze... jakby jej także przytrafiło się coś, co postawiło ją na pozycji przegranego. Nie potrafiłem tego określić, zwłaszcza że Nancy była w radosnym nastroju, ale wiedziałem, że się nie mylę. Choć nie czułem się gotowy, mimowolnie otwierałem dla niej swoje serce. Po raz pierwszy od wielu miesięcy obudziła się we mnie nadzieja, której nie chciałem przepędzać.

– Co się z nami dzieje? – spytała tak czułym głosem, że nie mogłem się oprzeć i przysunąłem się do niej jeszcze bardziej.

– Naprawdę nie wiem. Nie sądziłem, że coś takiego mogłoby się zdarzyć.

– Wszystko może się zdarzyć – powiedziała Nancy. – Zwłaszcza coś takiego. Spada jak grom z jasnego nieba i odkrywamy to, co cały czas mieliśmy tuż przed nosem.

– Myślisz, że mamy szansę? – spytałem. – Chcę w to wierzyć, bo to cudowne uczucie, ale muszę przyznać, że jestem zaskoczony.

– Dlaczego?

– Nie sądziłem, że będę jeszcze w stanie cokolwiek poczuć. Od śmierci Lindy nie myślałem o bliskości z inną osobą, choć duża część mnie by tego chciała. Wiedziałem, że jedynym sposobem na poradzenie sobie z żałobą jest otwarcie się na ból i wszystko to, co się we mnie obudzi. To było najbardziej brutalne doświadczenie w moim życiu, ale nigdy nie sądziłem, że mam wybór.

– Oczywiście, że masz – mówiąc to, ścisnęła moją dłoń. – Zawsze mamy. Teraz też masz wybór. I mam wrażenie, że wybierasz to co ja.

– A co dokładnie? – spytałem. – To znaczy chyba wiem, ale chcę to usłyszeć z twoich ust.

– Wybieramy otwarcie się, może dlatego, że teraz tego potrzebujemy. Wiem, czemu masz taką potrzebę. Ja też ją czuję... choć inaczej.

– Możesz zdradzić, dlaczego tego potrzebujesz? Nie chcę być wścibski, ale muszę wiedzieć, co cię nurtuje.

Nancy puściła moją dłoń i odwróciła się, żeby napić się wina. Wiedziałem, że powiedziałem zbyt dużo i trafiłem w czuły punkt. Miałem nadzieję, że naprawię sytuację, zanim Nancy się rozmyśli.

– Nie chcę o tym rozmawiać – powiedziała, nie patrząc na mnie. – Jeszcze nie teraz.

Ponownie chwyciłem jej dłoń, i to wystarczyło, żeby oderwała wzrok od stolika i znów spojrzała mi w oczy.

– Nie wiem, co jest grane, Nancy, ale nie będę cię zmuszał do zwierzeń, póki nie będziesz gotowa. Wiedz jednak, że bycie tutaj z tobą jest wspaniałe. Nie potrzebuję żadnych odpowiedzi, a już na pewno żadnych gwarancji, ale mam nadzieję, że wiesz, że masz we mnie oparcie.

– Wiem i ufam ci. Niedługo powiem ci, co się dzieje. W sumie mam ochotę o tym porozmawiać. W przeciwnym razie oszaleję.

Była wiosna i pogoda w Chicago rozpieszczała. Wyszliśmy z restauracji i znaleźliśmy park, w którym mogliśmy pospacerować i kontynuować naszą rozmowę. Podekscytowanie sprawiło, że nie mogłem chronić tej cząstki mnie, która chciała się ukryć i nie ryzykować – ani dla Nancy, ani nikogo innego.

Rok to wystarczająco długo, żeby zacząć myśleć o nowym związku, ale wiedziałem, że nie mogę się do niczego zmuszać. Poza tym stwierdziłem, że wszystko i tak wydarzy się samo... Któregoś ranka obudzę się z innym samopoczuciem albo pojawi się ktoś, dzięki komu poczuję się gotowy. Właśnie to działo się między mną a Nancy. Choć miałem wrażenie, że wszystko toczy się zbyt szybko, ostatnią rzeczą, jakiej chciałem, było odsunięcie jej od siebie.

– Od jakiegoś czasu mam problemy ze zdrowiem – powiedziała, gdy szliśmy pod ramię. Czułem, jak nieco zwolniła. Nastąpiła chwila ciszy, a ja zastanawiałem się, czy ją zapełnić, czy lepiej poczekać, aż Nancy znowu się odezwie.

– Jakie problemy? – spytałem w końcu, gdy stało się jasne, że trzeba będzie to z niej wyciągnąć. Przystanęła i spojrzała mi prosto w oczy. Trzymała mnie za obie ręce, a w świetle lampy ulicznej wydała mi się aniołem.

– Mam raka – odrzekła. – Raka piersi. Dowiedziałam się miesiąc temu i od tego czasu próbuję postanowić, co z tym zrobić.

– Co zrobić? – łagodnie ścisnąłem jej rękę. – A jakie masz wyjścia?

– Mój lekarz chce od razu rozpocząć typową kurację przy tego typu chorobie. Ale ja chyba nie chcę. Wolałabym leczyć się holistycznie... Dieta, ćwiczenia, te sprawy. Nie wierzę w lekarstwa ani lekarzy, którzy je przepisują. Jest wiele osób, które pokonały raka bez chemioterapii.

Zrobiłem krok w tył, żeby dobrze się jej przyjrzeć. Chciałem też, żeby widziała troskę na mojej twarzy.

– Nancy, nie ma nic złego w medycynie alternatywnej, ale czemu nie możesz spróbować obu? Znam wiele osób, które potrafiły je połączyć. Nie sądzę, że warto odwracać się od czegoś, co może ocalić ci życie. Masz dwie córeczki, o których musisz myśleć.

Odwróciła się, a wyraz jej twarzy diametralnie się zmienił. Nie była już radosną, beztroską kobietą, z którą spędziłem wieczór. Jej oczy przygasły, a ona sama straciła energię i jakby zmalała.

– Wszyscy mi to powtarzają – powiedziała beznamiętnie – ale ja tego nie chcę. *Wierzę* w cuda i sama takiego cudu dokonam.

– Nie rozumiesz, co powiedziałem – odezwałem się nieco gwałtowniej. – *Chcę*, żebyś wierzyła w cuda, i *chcę*, żebyś zrobiła to wszystko, o czym mówiłaś. Ale dlaczego musisz rezygnować z...

– Słuchaj, James. Nie mam zamiaru rozmawiać o tym z tobą, jeżeli nie będziesz mnie wspierał. Właśnie dlatego nie mówię o tym ludziom, bo muszę zmagać się z ich osądami, które tylko mieszają mi w głowie.

– Ale ci ludzie wcale nie wydają osądów. Przemawiają ci do rozsądku. Naprawdę zależy mi na tym, żebyś żyła. Może to samolubne, ale czuję, że coś się między nami dzieję, i nie chcę, żeby się skończyło.

– Dlaczego miałoby? Jedyne, co mogłoby nam przeszkodzić, to zmuszanie mnie do zrobienia czegoś, czego nie chcę.

Podszedłem do niej i ująłem jej dłonie. Miałem nadzieję, że ją uspokoję i uda mi się inaczej podejść do tematu.

– Nic takiego nie zrobię, Nancy. Możesz mi wierzyć. Ale pozwól, że spytam: jaka część twojego przekonania opiera się na tym, co inni ludzie uważają za najlepsze wyjście dla ciebie?

Wzięła głęboki oddech i się uspokoiła. Spojrzała na mnie, a jej twarz znów złagodniała.

– Nie wiem – odrzekła. – Oczywiście wszyscy mówią to samo, bo się troszczą i martwią, ale coś we mnie krzyczy, że powinnam pójść w innym kierunku. Nie mogę sprzeciwić się temu głosowi ani go zagłuszyć. Mam wrażenie, że jeśli pokonam raka naturalnymi metodami, stanę się przykładem dla innych – i oni pójdą moim śladem. Czuję, że to moja misja i że pomogę innym.

Szybko zrozumiałem, że nie zmienię jej zdania. Chciałem, żeby myślała o mnie jak o swoim sojuszniku, a nie kimś, z kim musi się sprzeczać. Energia, którą między nami wyczuwałem, domagała się wyzwolenia, ale uległa pewnej zmianie. Zacząłem czuć się jak człowiek, który zagubił się na pustyni i umiera z pragnienia. Piękna oaza jawiła się tuż przed moimi oczami, ale gdy tylko próbowałem się do niej zbliżyć, znikała niczym fatamorgana.

– Jak mówiłem wcześniej, możesz na mnie liczyć – powiedziałem. – I nie żartowałem. Obiecuję uszanować każdą twoją decyzję. Nie potrafię sobie wyobrazić, jak ciężko musi ci z tym być, a ja nie mam zamiaru jeszcze bardziej ci tego utrudniać.

Spędziłem z nią całą noc z nadzieją, że nie pakuję się w kolejną bolesną sytuację, której nie będę mógł wytrzymać. Gdy leżałem z Nancy w łóżku, patrzyłem na sufit i w każdym cieniu widziałem twarz Lindy. W mojej głowie wciąż panowała ciemność, która nie miała zamiaru zniknąć po jednej nocy z Nancy, ale wyczuwałem coś jeszcze, co chciałem od siebie odepchnąć.

Co się stanie, jeśli naprawdę otworzę się przed Nancy i pozwolę swojemu sercu poczuć prawdziwą miłość? Co, jeśli poddam się tym emocjom i namiętności... a Nancy umrze? Czy jestem w stanie stracić kolejną ukochaną? Ile cierpienia może znieść człowiek? Dzień wcześniej nie sądziłem nawet, że mógłbym pokochać inną kobietę, ale gdy zobaczyłem Nancy, wszystko się zmieniło. Co będzie, jeśli nie zmieni decyzji i postanowi walczyć z chorobą bez pomocy lekarza? Co, jeśli *przegra* tę walkę? Czy ja też z nią umrę?

Gdy dwa dni później wracałem do Oregonu, postanowiliśmy pozostać w bliskim kontakcie. Mieliśmy przetestować nasz związek i zobaczyć, czy nam się uda. Oczywiście odległość była problemem, ale Nancy rozważała nawet przeprowadzkę na Zachodnie Wybrzeże, żeby być ze mną. Początkowo bardzo spodobał mi się ten pomysł i z radością myślałem o nowych możliwościach. Ale z drugiej strony, choć usilnie się starałem, nie mogłem otrząsnąć się ze strachu. Starannie dobierałem słowa, gdy rozmawialiśmy o raku, ale mimo rad znajomych Nancy uparcie chciała leczyć chorobę po swojemu.

Po miesiącu zauważyłem, że coraz rzadziej do niej dzwonię, a gdy na wyświetlaczu widziałem jej numer, zdarzało mi się nie odbierać. Nie minęło dużo czasu, a rozmawialiśmy zaledwie raz w tygodniu i wiedziałem, że nawet wtedy Nancy wyczuwa mój dystans. Chciałem, żeby mi to wygarnęła, spytała, co się stało, albo nawet się wściekła... cokolwiek, co pozwoliłoby mi się wyzwolić od tego niezdecydowania. Lecz zamiast tego wydawała się zadowolona, jakby wolała być sama. Gdy nastało lato, nasza bliskość zniknęła i znów byłem sam.

Rozmawialiśmy raz na miesiąc, ale żadne z nas nie wspominało już o dwóch dniach spędzonych w Chicago, jakby się nie wydarzyły. Choć wciąż istniała między nami więź, nie pozwalaliśmy sobie na zażyłość, aby kontrolować swój strach... i czułość. Nancy spędzała samotnie długie tygodnie, nie odbierała telefonu ani e-maili. Jej izolacja sprawiała, że jeszcze bardziej czułem się od niej odcięty i mogłem jedynie czekać na to, co się jeszcze wydarzy.

Nancy nie zmieniła zdania o medycynie konwencjonalnej i w ciągu sześciu miesięcy rak zajął całe jej ciało. Od wspólnej znajomej dowiedziałem się, że w końcu zwróciła się do swojego lekarza, ale było za późno. Chciałem do niej zadzwonić, ale za każdym razem, gdy sięgałem po telefon, nie mogłem zmusić się do wybrania numeru. Moje myśli były przy niej, ale czułem, że porzuciłem jedyną kobietę mogącą mnie zbawić od koszmaru, w którym żyłem od śmierci Lindy. Gdybym potraktował ją tak, jak na to zasługiwała, może wcześniej zdałaby sobie sprawę, czego potrzebuje. Gdybym miał odwagę być przy niej bez względu na jej decyzję, może cud, na który czekała, przydarzyłby się nam obojgu.

O tym, że Nancy zmarła, dowiedziałem się od naszej wspólnej przyjaciółki Tary. Zadzwoniła do mnie po południu i powiedziała, że Nancy odeszła spokojnie, otoczona dziećmi. Odłożyłem telefon i przez długi czas wpatrywałem się w dal. Niemal czułem jej ciało obok swojego, tak jak tamtej nocy. Znowu odniosłem wrażenie, że źle wybrałem, a to, co się wydarzyło, było moją winą. Może to nie była prawda, ale przyjąłem ten cios i czekałem na kolejny.

Przegrywałem dwa zero.

ROZDZIAŁ 5

Intensywność z jaką żyjesz

Gdy otworzyłem oczy i rozejrzałem się po pokoju, zdałem sobie sprawę, że przysnąłem. Od ostatniego spotkania z Nancy minęło kilka lat, ale nie zdziwiłem się, gdy poczułem bliskość jej ducha. Podobnie jak piękny zapach kwiatów, który pozostaje w pomieszczeniu jeszcze długo po ich wyrzuceniu, jej twarz wypełniła mój umysł – z większą uporczywością niż mógłbym się spodziewać. Spojrzałem na zegarek – dochodziła pierwsza po południu. Spałem dwie i pół godziny.

Z korytarza dobiegł mnie hałas – mechaniczny odgłos przybierający na sile. Pewnie sprzątaczka odkurzała. Zerwałem się z łóżka, żeby opuścić pokój przed przybyciem pokojówki. Wszedłem do łazienki, włączyłem światło i ochlapałem twarz wodą. Po kilku sekundach byłem już na schodach. Miałem nadzieję, że nie spotkam nikogo znajomego, bo nie życzyłem sobie żadnych rozmów. Chciałem wyjść na dwór i oczyścić umysł... A może nawet znaleźć sposób, żeby trzymać na dystans duchy przeszłości.

Stanąłem na podjeździe, gdzie dzień wcześniej zostawiła mnie Michele, i odtworzyłem tę scenę w pamięci. Teraz słońce świeciło mocniej i było na tyle ciepło, że mogłem spacerować bez kurtki. Spojrzałem w kierunku, w którym odjechała, i postanowiłem ruszyć w tamtą stronę, jakbym chciał znaleźć ją za rogiem. Szedłem i myślałem o Lindzie i Nancy, i o wszystkich kobietach, od których uciekałem przez całe lata. Moje kroki stawały się coraz cięższe. Widziałem kolejno twarze tych kobiet, więc przyspieszyłem kroku, aby je wyprzedzić. Zatrzymałem się nagle, jakby cała energia opuściła moje ciało. W mojej głowie pojawiła się myśl, która nigdy wcześniej mnie nie nachodziła. Część mnie chciała ją zepchnąć do podświadomości, jakbym wystarczająco się napracował jak na jeden dzień. Ale większa część mnie chciała przynajmniej zobaczyć tę myśl i pozwolić jej wybrzmieć, abym zyskał nową wiedzę.

Właśnie w tamtym momencie zdałem sobie sprawę, że byłem podobny do Nancy, choć moja „choroba" była mniej namacalna i nie groziła śmiercią. Jak Nancy nie chciałem przyjąć pomocy innych, aby z tą chorobą walczyć. Wolałem zmagać się z nią *sam* i liczyć na szczęśliwe zakończenie. A ponieważ czekałem zbyt długo, zdążyła rozprzestrzenić się po całym moim ciele. Sączyła się przez szczeliny mojego życia i zarażała wszystkich, których dopuszczałem do siebie.

Czy było za późno na zmianę i nowe podejście do życia? Czy mogłem jeszcze odbudować skruszałe fundamenty? Miałem zamiar chociaż spróbować. Nie chciałem tkwić w błędnym kole – miałem już tego dość. Byłem gotowy na zmiany i instynktownie wiedziałem, że jestem w idealnym miejscu, aby wprowadzić je w życie.

Usłyszałem klakson i odwróciłem się, żeby sprawdzić, kto trąbi. Ciężarówka Rogera zatrzymała się obok mnie, a on opuścił szybę.

– Jesteś na spacerze czy cię podwieźć? – spytał.

Zastanowiłem się, czy jestem gotów otworzyć drzwi i wsiąść do auta. Wiedziałem, że będzie to oznaczało konieczność spojrzenia na rzeczy, których dotychczas unikałem. Dzięki Rogerowi już czułem się odarty i bezbronny, jak czosnek, który czeka na zmiażdżenie. Po co jednak miałbym unikać kolejnych tortur, skoro najwyraźniej zmieniały moje życie na lepsze?

Otworzyłem drzwi i wsiadłem.

– Cieszyłem się tym pięknym dniem – skłamałem. – Wszystko jest takie pełne życia, a ja właśnie tego potrzebowałem.

– Dlaczego tego potrzebowałeś? – spytał, a ja wiedziałem, że lekcja się rozpoczęła.

– Nasza poranna rozmowa dała mi do myślenia o tym, co od dawna ignorowałem. Ale czas z tym skończyć. Teraz to wiem, ale to bardzo trudne. Jestem ci winny podziękowania.

– Nie masz za co mi dziękować – odparł Roger. – To ty jesteś odważny i podnosisz kamienie, pod którymi skrywają się twoje lęki. Ja tylko zadaję pytania. Już tak mam. Jestem wścibski!

– Nie jesteś wścibski. Masz niebywałą zdolność zaglądania w ludzkie dusze. Wiesz, przed czym ludzie się ukrywają. Jestem ciekaw, jak sobie radzisz na przyjęciach...

– Nie najlepiej – odpowiedział z uśmiechem na mój żart. – Ludzie zazwyczaj uciekają przede mną, gdy widzą ten błysk w oku, który mówi: „Zniszczę twój pancerz i sprawię, że poczujesz to, czego nie chcesz czuć". Po kilku kieliszkach wina robi się nieciekawie.

Zaśmiałem się na myśl o imprezie, na której Roger wdaje się w takie same rozmowy, jakie z nim prowadziłem. Dzięki temu przestałem wspominać Lindę i Nancy i poczułem spokój.

– Gdyby nie było tak wcześnie, chętnie napiłbym się wina – powiedziałem. – Od mojego przyjazdu wiele się wydarzyło.

Roger zaparkował ciężarówkę przed Drew House, a ja pomogłem mu zanieść warzywa do kuchni.

– Zdajesz sobie sprawę, że zbliżasz się do tego, co jest naprawdę ważne w życiu, prawda?

– Nie myślałem o tym w ten sposób – odparłem – ale mam przeczucie, że wkrótce to poznam.

Weszliśmy do kuchni i położyliśmy torby na blacie. Roger spojrzał na mnie i się uśmiechnął.

– No dobrze, oto jedyna rzecz, która naprawdę liczy się w życiu: wszechświat zwraca uwagę na intensywność, z jaką żyjesz. Właśnie dlatego cieszę się, że odczuwasz teraz tę intensywność. Jeśli masz w sobie uczciwość, odwagę i umiejętność wkładania całego serca w to, co robisz, wszystko skończy się szczęśliwie. Właśnie tego pragnie Bóg czy wszechświat.

– Intensywność, z jaką żyjesz... – powtórzyłem. Wyjąłem zakupy z toreb i ułożyłem je na osobnych stertach: produkty do włożenia do lodówki i do szafek. – Ale *intensywność* może mieć różne oblicza. A jeśli czyjaś intensywność staje się niszczycielska? To niedobrze, prawda? Jeśli ten ktoś robi rzeczy, które ranią innych?

– O, to bardzo ciekawa myśl – zauważył Roger. – Pozwól, że wyjaśnię to precyzyjniej. Synonimem intensywności jest *pasja*. Aby twoja pasja była dla ciebie korzystna, musisz dodać jeszcze jeden składnik: służbę. Pamiętasz, jak robiliśmy placki rösti i mówiłem, że jajko łączy wszystkie składniki? Gdybyś nie dodał jajek, wszystko by się rozpadło, prawda? Danie rozpadłoby się na patelni i nie byłbym w stanie go podać. Właśnie to próbuję powiedzieć. Pasja jest bezużyteczna, jeśli nie wykorzystujesz jej do służenia innym. Inaczej wszystko się rozpada. Pasja musi przepłynąć od ciebie do innej osoby i dopiero wtedy może do ciebie wrócić. Jeśli pasjonujesz się tylko tym, co służy tobie, twoja pasja nie przetrwa. Pomyśl o tym w taki sposób – ciągnął Roger. – Złodziej może i ma wielką pasję do kradzieży, ale ta pasja doprowadzi go w końcu do destrukcji. Dlaczego? Bo krętacz zabiera innym, żeby dać sobie. Nikomu nie służy, a swoją pasją zaspokaja tylko własne potrzeby. W którymś momencie to musi mieć kres. Nie może trwać bez końca.

– A co z Robin Hoodem? – spytałem. – Kradł bogatym i rozdawał biednym.

– Słuszna uwaga. Robin Hood nie kradł, żeby samemu się wzbogacić, prawda? Chciał pomóc całej społeczności. Poza tym dawał nauczkę tym, którzy gromadzili bogactwa, a zapominali o potrzebujących.

– Czy słowo „krętacz" pochodzi od „kręty"? – głośno się zastanowiłem. Nie miałem pojęcia, skąd w mojej głowie pojawiła się ta myśl.

– Chyba tak, a to pozwoli nam jeszcze inaczej spojrzeć na tę lekcję. Jeśli coś jest kręte, to energia nie może poruszać się po linii prostej. Najbardziej wydajną drogą jest ta najkrótsza i najdostępniejsza, prawda? Zatem im bardziej służysz innym, tym prostszą ścieżką porusza się energia, która zaspokoi także twoje potrzeby i pragnienia, a nie tylko innych osób. To, co innym dajemy z siebie, jest tak naprawdę darem dla nas samych. Oczywiście mówi się o tym od wieków, ale ludzie i tak nie chcą w to wierzyć. Sądzą, że życie polega na służeniu sobie i dostawaniu tego, na co się w ich mniemaniu zasługuje. Ale może odpowiedź naprawdę jest tak prosta? „Dziel się tym, co masz w sobie, a to pomnożysz". Gdyby wszyscy zaczęli tak żyć, nastąpiłaby prawdziwa rewolucja.

– Wszystko sprowadza się do prostoty – dodałem.

– O tak. Cel jest zawsze *na zewnątrz*. Możesz mieć wrażenie, że sam sobie przeczę, bo wcześniej powiedziałem, że wszystko jest w naszym wnętrzu. To prawda – z jednego, ważnego powodu: nie można wiedzieć, co jest w naszym wnętrzu, dopóki tego nie wyciągniemy *na zewnątrz* – to znaczy póki tego z siebie nie damy innym. Aby to nam posłużyło, musimy przelać to z naszego wnętrza do kogoś innego, nie na odwrót. Nie wystarczy czegoś gromadzić albo być najmądrzejszym lub najlepszym w jakiejś dziedzinie. Należy to uwolnić, a będzie nam się żyło lepiej niż dotychczas. A gdy zatrzymamy to dla siebie, nasze wnętrze stanie się kręte i energia nie będzie mogła swobodnie przepływać. A przynajmniej *ja tak uważam* i zawsze staram się żyć prosto, zwłaszcza, gdy gotuję... Na przykład za chwilę.

– Będą dziś jacyś goście na kolacji? – spytałem.

– Nikt poza tobą. Chciałbym przygotować coś specjalnego, jeśli nie masz nic przeciwko...

– Przeciwko temu, żebyś przygotował dla mnie coś wyjątkowego? Jak mógłbym?

– Jeszcze jedno... – dodał Roger. – Choć możesz mieć wrażenie, że wiem, o czym mówię, prawda jest taka, że wciąż się uczę, tak jak ty. Tak jak wszyscy. Pamiętasz, jak wczoraj powiedziałem tamtej kobiecie, że jesteś moim nauczycielem? Nie żartowałem. Dajesz mi możliwość podzielenia się moimi przemyśleniami. Gdybym się nimi nie podzielił, zapomniałbym o nich. To jest twój dar dla mnie: szansa, żeby pamiętać.

Godzinę później wróciłem do pokoju i zacząłem zastanawiać się nad tym, jak wszystko dopasowało się do siebie, mimo że znalazłem się w tak niecodziennych okolicznościach. Jeszcze wczoraj myślałem, że nigdy nie wyzwolę się z powtarzania tych samych błędów. Miałem wrażenie, że zderzam się ze ścianą, ale zauważam ją dopiero wtedy, gdy poobijany leżę na ziemi. I wówczas w moim życiu pojawił się Roger i pociągnął za sznurki, które tylko on potrafił dostrzec. Przypomniał mi najważniejsze lekcje: Lindę i Nancy. Moje doświadczenia z nimi miały wspólny mianownik i wyczuwałem, że jak tylko rozgryzę, co to takiego, uda mi się znaleźć ukojenie. To była niezła teoria, więc postanowiłem się jej trzymać.

Wybrałem numer do Michele z nadzieją, że będzie chciała ze mną porozmawiać, ale po chwili zamarłem. Co jej powiem? Co miałem zrobić? Czy chciałem, żeby wróciła do Drew House? Albo żeby spytała mnie, czy przyjadę do niej do Toronto? Wziąłem głęboki oddech i zrozumiałem, że muszę zaufać instynktowi. Byłem tam, gdzie chciał los, a to znaczyło, że mam spędzić tyle czasu, ile to możliwe na taborecie w małej kuchni w Elorze. Wiedziałem, że w tym miejscu uda mi się zmierzyć z największą lekcją, czymkolwiek by się okazała, a przy odrobinie szczęścia może przebiję się na drugą stronę muru.

Tak czy inaczej postanowiłem zadzwonić do Michele i przekonać się, co się wydarzy.

– A myślałam, że nie odbiorę, jeśli zadzwonisz – powiedziała Michele, zanim zdążyłem się przywitać. – Odbieram tylko dlatego, że mam wyrzuty sumienia, bo zostawiłam cię samego na takim odludziu. Jak wróciłeś do Toronto?

– Nie wróciłem – odrzekłem. – Nie uwierzysz, ale wciąż jestem w Drew House. Miałem wyjechać, ale coś zaczęło się tutaj dziać, więc raczej zostanę tu jeszcze jakiś czas.

– Co masz na myśli? Czemu po prostu nie zadzwoniłeś po taksówkę albo nie wynająłeś samochodu? Kiedy wyjeżdżasz?

– Szczerze mówiąc, nie wiem. Pamiętasz Rogera, tego Francuza, który jest właścicielem? Zaraz po twoim wyjeździe zaczęliśmy rozmawiać i okazało się, że jest nie tylko kucharzem, ale także swego rodzaju przewodnikiem duchowym. Wziął mnie pod swoje skrzydła i pomaga mi spojrzeć inaczej na życie.

Po drugiej stronie linii nastąpiło długie milczenie, a ja zacząłem się zastanawiać, czy Michele jeszcze tam jest. Usłyszałem, jak bierze głęboki wdech.

– Pewnie wyjedziesz stamtąd nowo narodzony – powiedziała w końcu. – Wiesz, że przez całą drogę do domu płakałam? Nie rozumiem, dlaczego się zmieniłeś... Czułam się taka samotna, choć byłeś tuż obok mnie.

– Właśnie to próbuję rozgryźć. Nie miałem pojęcia, że zachowuję się w ten sposób. Jakbyś mnie spytała, powiedziałbym, że dobrze się bawimy, choć chwilę później nasze drogi jakby się rozeszły. Chyba w końcu zaczynam dostrzegać coś, czego nigdy u siebie nie zauważałem. À propos, czy mogłabyś odpowiedzieć na jedno pytanie?

Wziąłem głęboki oddech zanim znów się odezwałem.

– Spędziłaś ze mną sporo czasu... Określiłabyś mnie jako szczęśliwą osobę?

Nie byłem pewny, skąd pojawiło się to pytanie. Podczas każdej rozmowy z Rogerem wyczuwałem je w swojej głowie. Choć nigdy nie uważałem się za smutasa i marudę, zastanawiałem się, czy nie ma w mojej duszy czegoś, co uniemożliwia mi bycie szczęśliwym. Odniosłem sukces zawodowy, co pozwoliło mi podróżować dookoła świata, występować i pisać. Większość ludzi marzy o takim życiu. Z zewnątrz moje życie wyglądało wspaniale. Choć umiejętnie blokowałem prawdziwy powód, dla którego ukrywałem się przed miłością, on i tak wyzierał ze mnie i nie potrafiłem tego powstrzymać.

– Ujmę to w ten sposób – powiedziała Michele. – Sprawiasz wrażenie szczęśliwego, ale jest w tobie niecierpliwość, która nie pozwala ci się zatrzymać. Jakbyś wciąż się zastanawiał, co jest za rogiem, albo szukał drogi ucieczki na wypadek, gdyby trafiło ci się coś lepszego. To było bardzo subtelne wrażenie i zorientowałam się, że je mam, dopiero w czasie naszego wyjazdu. Gdy spotkaliśmy się po raz pierwszy, byłeś bardzo zdeterminowany, żeby zwrócić moją uwagę, ale gdy tylko ją przykułeś, wydało mi się, że natychmiast zapragnąłeś zająć się czymś innym. Nie wiem, czy to właśnie cię unieszczęśliwia, czy jest jakiś głębszy powód. Chyba jeszcze sobie tego nie uświadomiłeś i pewnie to ci się nie uda, póki nie staniesz spokojnie w miejscu.

Jej słowa były jak zapałka rzucona na kałużę benzyny i poczułem w sobie wybuch energii. Jeszcze nikt nie ujął tego tak zwięźle i tak sugestywnie... Choć słuchanie jej słów nie było niczym przyjemnym. Czy naprawdę byłem tak niecierpliwy, jak twierdziła Michele? Czy miałem zamiar uciec od uczuć, które zaczęły ujawniać się w Elorze? Tych samych, które wepchnęły mnie do emocjonalnej skorupy po utracie Lindy i Nancy? A jeśli tak, jaką rolę odegrała w tym Michele? Nasz związek był wciąż w powijakach i nie wpłynął na mnie tak silnie jak poprzednie związki. Z drugiej strony Michele pełniła funkcję katalizatora – anioła, którego zesłano po to, aby otworzył nieco szerzej drzwi, bym mógł w końcu zobaczyć, kim jestem i co robię.

– Chyba dlatego znalazłem się w Drew House – mówiłem dalej. – Musiałem się zatrzymać w miejscu i gdy tylko to się udało, zaczęły mi się przytrafiać zaskakujące rzeczy. Nigdy nie chciałem cię skrzywdzić, ale póki nie uporam się z tym, co mnie gryzie, pewnie będę ranił kolejne osoby. Muszę z tym skończyć. Muszę to powstrzymać. Już czas, żebym znowu zaufał miłości i poczuł, że zasługuję, aby być kochanym.

– Oczywiście, że na to zasługujesz – zapewniła Michele. – Wszyscy zasługujemy na miłość, ale nie każdy potrafi ją przyjąć. To wymaga odwagi i nigdy nie jest tak proste i uporządkowane, jak byśmy chcieli.

– Nie chcę, żeby miłość była prosta i uporządkowana; chcę, żeby była prawdziwa. Od kiedy wyjechałaś, spędzam sporo czasu z Rogerem. Zyskuję nową perspektywę. Dzięki Rogerowi zrozumiałem, że nigdy sobie nie pomogę, jeżeli wciąż będę się skupiał na tym, czego w swoim mniemaniu potrzebuję albo chcę. Właśnie tak dotychczas robiłem, choć pozornie zachowywałem się na odwrót. Cały czas rozmawiałem o służbie i miłości, ale nie potrafiłem się im poświęcić. Pomyślałem, że może mogłabyś mi w tym pomóc...

To była nieśmiała próba zaproszenia Michele z powrotem do pensjonatu. Miałem nadzieję, że wyczuwa moją skruchę i wróci do Elory. Ale czy naprawdę tego chciałem: następnej szansy? A może byłem dokładnie tam, gdzie powinienem? Przed chwilą powiedziała, że nie potrafię usiedzieć na miejscu, że jestem niespokojny i nie umiem naprawdę być z drugą osobą. Choć bardzo niechętnie przyznawałem jej rację, jej słowa dotknęły tego, o czym nigdy wcześniej nie myślałem. Jeśli to prawda, a Michele nie była moim lekarstwem, to zejście się po tak krótkiej rozłące oznaczałoby trwanie przy starym wzorze. Wstrzymałem oddech, czekając na odpowiedź. Miałem cichą nadzieję, że jednak nie chwyci przynęty.

– Nie potrzebujesz mojej pomocy – powiedziała. – Potrzebujesz siebie, nie mnie. Nie mówię, że nie chcę cię więcej widzieć. Przyznaję, że wczoraj zachowałam się melodramatycznie, zostawiając cię samego, ale to już przeszłość. Jeśli potrzebujesz podwiezienia, z chęcią po ciebie przyjadę, ale tylko po to, żeby zawieźć cię na lotnisko. Moim zdaniem jednak powinieneś tam zostać. Mam wrażenie, że robisz coś, co jest ci potrzebne, więc po co się spieszyć. Jeśli Roger pomaga ci dowiedzieć się czegoś, to mu na to pozwól. Nie wiadomo, czego się nauczysz.

Na tym skończyła się nasza rozmowa. Michele oczywiście miała rację; Roger także. Powinienem zostać w jednym miejscu... nawet jeśli tylko na kilka najbliższych dni. Coś się we mnie zmieniało i nie chciałem tego przerywać. Choć było to nieprzyjemne uczucie, wiedziałem, że prawdziwy rozwój nigdy nie jest łatwy.

Około dziewiętnastej usłyszałem wołanie Rogera na schodach.

– James! Kolacja będzie gotowa za pięć minut. Zejdź, jeśli masz ochotę.

Od godziny grałem na gitarze. Zazwyczaj mnie to uspokajało, zwłaszcza gdy miałem dużo na głowie. Część mnie chciała zostać w pokoju i odpocząć, ale wiedziałem, że otworzyłem drzwi, których nie da się tak łatwo zamknąć. Gdybym to zrobił, wylądowałbym w jeszcze większych tarapatach niż obecnie, a na to nie miałem najmniejszej ochoty. Wyszedłem z pokoju, minąłem korytarz i zszedłem po schodach. Nie było sensu odsuwać tego od siebie ani sądzić, że tym razem Roger potraktuje mnie ulgowo. Zauważyłem, że nie zna pojęcia „ulgowe traktowanie".

– Witaj, James! Jak minął dzień? – pozdrowiła mnie Kathleen.

Nie wiedziałem, czy mogę sobie pozwolić na szczerość. Miałem ochotę przyznać, że jej mąż rzucił mnie na głęboką wodę, choć nie nauczył pływać. A raczej wrzucił mnie do kuchni, w której on czuje się doskonale, ale taki amator jak ja przypomina dziecko we mgle. Nauczyłem się, jak przyrządzać doskonałą kawę i dziwny placek ziemniaczany, ale najważniejsza lekcja dotyczyła miażdżenia czosnku. To była idealna metafora, mimo że w rzeczywistości to *mnie* miażdżono.

– To był ciekawy dzień – odparłem. – Mnóstwo się wydarzyło, więcej niż się spodziewałem, ale ogólnie minął dobrze. – A u pani?

– U mnie też jak w ulu. Niedługo jedziemy na urlop, zaraz po Święcie Dziękczynienia, więc próbuję wszystko zorganizować. W Elorze zapowiada się spory ruch w święta, ale u nas nie będzie wielu gości. Zaplanowano mnóstwo imprez, a w grudniu Roger poprowadzi zajęcia kulinarne. James, powinieneś przyjechać. Uczestnicy są zawsze zachwyceni, a Roger naprawdę dobrze uczy tego, co wie. I francuskiej kuchni, oczywiście. A gdy mówię o „rzeczach, które wie"... cóż, chyba już rozumiesz, co mam na myśli.

Chciałem powiedzieć, że gdy stąd wyjadę, to pewnie minie sporo czasu, nim wrócę, ze względu na napięty grafik, ale częściowo także dlatego, że chciałem, aby moje życie wróciło do normalności, stanu sprzed znajomości z Rogerem. A to sprowadzało się do istotnego pytania: kiedy będzie wolno mi wyjechać? Oczywiście nie byłem zakładnikiem, a nawet gdybym był, nie istniało lepsze miejsce. Bardziej chodziło o to, dlaczego się tu znalazłem. Wiedziałem, że nie mogę wyjechać, póki nie skończę tego, co zacząłem.

Z drugiej strony Roger i Kathleen byli dla mnie jak starzy przyjaciele, których znam całe życie. Staliśmy się sobie niespotykanie bliscy. Bez trudu potrafiłem wyobrazić sobie, że często do nich wracam, nawet gdyby jedynym celem była nauka gotowania, abym mógł zaimponować znajomym, którzy nie sądzili, że potrafię ugotować jajko.

Roger wszedł do jadalni, niosąc wielki talerz z czymś, czego nie potrafiłem nazwać, ale pachniało wybornie. Do tej chwili nie zdawałem sobie sprawy, jak byłem głodny, i z niecierpliwością czekałem na początek posiłku.

– Dziś zjemy paellę – powiedział Roger i postawił talerz na stole. – To hiszpańskie danie, a ja jestem francuskim kucharzem, ale ponieważ Baskowie mieszkają zarówno we Francji, jak i Hiszpanii, stwierdziłem, że pasuje jak ulał na dzisiejszą kolację.

– Pachnie cudownie! – zawołałem.

– Roger słynie z potraw z owoców morza – odezwała się Kathleen – zwłaszcza z zupy rybnej. Wygrał prestiżową nagrodę w Kanadzie, tak zwaną Złotą Trzepaczkę. Ugotował wtedy gulasz wołowy. To zabawne, bo Roger jest wegetarianinem, a w zasadzie pescowegetarianinem, bo je ryby. Nie je czerwonego mięsa, ale i tak zdobył ważną krajową nagrodę za danie mięsne!

– To prawda, że słynę raczej z dań rybnych – dodał Roger. – Częściowo dlatego, że zawsze lubiłem przygotowywać dania ze świeżych produktów, bo takie dania mają mnóstwo siły życiowej. Jak już mówiłem, wszystko ma w sobie siłę, ale gdy ją usuwamy z jedzenia, ono prawie wcale nam nie służy. Można by powiedzieć, że spożywamy życie na wiele różnych sposobów: nie tylko jedząc, ale też oddychając i żyjąc. Im bardziej otworzymy się na życie, tym bardziej ono otworzy się na nas.

– Powinieneś to sobie zapisać, James – odezwała się Kathleen. – Nigdy wcześniej nie słyszałam tych słów i myślę, że to całkiem niezłe motto.

– Jeśli kiedyś wykorzystam je w książce, nie zapomnę wspomnieć autora – powiedziałem z uśmiechem i zasiadłem do stołu. Na blacie stały już piękna sałatka i talerz gotowanych warzyw, a Roger nalał mi kieliszek czerwonego wina.

– *Bon appétit* – życzył Roger, a my wznieśliśmy kieliszki do toastu. – Jurorzy stwierdzili, że przygotowanie gulaszu wołowego było odważnym posunięciem. Ale to nieprawda. Po prostu wykorzystałem przepis, którego używam od lat. Cały sekret to podpalić wino, żeby pozbyć się kwasowości. Ale do tego potrzebny jest dobry piecyk gazowy; tylko tak można osiągnąć wystarczająco wysoką temperaturę do podpalenia wina.

– Jak stałeś się mistrzem zupy rybnej? – spytałem, łypiąc okiem na paellę. Chciałem jak najszybciej zjeść sałatkę, żeby przejść do głównego dania.

– Cóż, życie nad morzem nauczyło mnie rozpoznawać najlepsze i najświeższe owoce morza – odrzekł. – Moja pierwsza restauracja znajdowała się tuż nad wodą w rodzinny mieście. Lokal był mały, dlatego podawaliśmy tylko kilka dań, w tym zupę rybną, więc nauczyłem się ją gotować naprawdę dobrze.

Wiele lat później w Nowym Jorku znalazłem restaurację, która specjalizowała się w kuchni baskijskiej. Na ścianie, przy której siedziałem, mieli nawet ogromny obraz przedstawiający moje miasteczko. Powiedziałem właścicielom, gdzie się wychowałem, a oni nie mogli uwierzyć. Zainspirowali mnie, żebym otworzył coś podobnego tutaj, w Toronto: restaurację specjalizującą się w jedzeniu mojego dzieciństwa. Po jakimś czasie miałem już małą sieć restauracji, które później sprzedałem, nim przeniosłem się do Australii.

Zjadłem sałatkę i nałożyłem sobie na talerz sporą porcję ryżu, a następnie przykryłem go niewiarygodnie pachnącą paellą. Dorsz i łosoś zdawały się emanować świeżością i życiem, a małże dopełniały smaku potrawy.

– Zaimponowałeś mi – powiedziałem Rogerowi. – Oczywiście nie jestem smakoszem, ale to jeden z najlepszych posiłków, jakie w życiu jadłem.

– Gdy próbuję komuś zaimponować gotowaniem, zazwyczaj nie kończy się to najlepiej – wyznał Roger. – Dla mnie jedzenie to sposób okazania miłości osobie, dla której gotuję. To prosta zasada, ale wszystko zmienia. A ludzie wyczuwają to, nawet jeśli sobie tego nie uświadamiają. Gdy za bardzo się staram, pierwotny zamiar się zaciera i nikt nie wyczuwa w daniu energii, bo za dużo się w nim dzieje. Podobnie jest w miłości. Czyż nie lepiej powiedzieć ukochanej zaledwie kilka słów o swoich uczuciach, niż zasypywać ją poezją, prozą i innymi wyrazami miłości? Gdy chcę powiedzieć Kathleen, jak bardzo ją kocham, robię to jak najprościej. *Udowadniam* jej to. Tak samo jest z gotowaniem. Nie mam zamiaru nikogo przytłaczać, a jedynie przekazać coś za pośrednictwem jedzenia. To jest możliwe tylko wtedy, gdy zredukuję przepis do niezbędnych składników.

– Brałam udział w warsztatach, podczas których prowadzący mówili o tym, jak dużo wiedzą – dodała Kathleen. – Uczestnicy byli przez chwilę pod wrażeniem, ale gdyby spytać ich dzień później, a nawet godzinę, czego się nauczyli, mieliby z tym problem. Uczyłam się też u nauczycieli, którzy byli oszczędni w słowach, ale umożliwiali nam doświadczenie, które miało niewiele wspólnego ze słowami czy teorią. Pomagali znaleźć odpowiedzi we własnym wnętrzu, zamiast podawać nam je na tacy. A gdy spytasz ludzi, co pamiętają z doświadczeń, mogą całymi godzinami opowiadać o tym, jak się poczuli albo jak zmieniło się ich życie. Wydaje mi się, że to cały sekret: jeśli pamiętasz o prostocie i nie przesadzasz z eksponowaniem siebie, inni wyczuwają energię, która drzemie pod powierzchnią.

– Między innymi dlatego cieszę się, że jestem muzykiem – powiedziałem między kęsami paelli. – Uwielbiam nauczać, ale wiele osób mówiło mi, że gdy śpiewam, trafiam prosto w ich serca. Pewnie dlatego, że ta energia emanuje z innego zakątka mojej duszy. *Czuję*, zamiast *myśleć*. I wiem, że w takiej chwili nie stoję sobie na przeszkodzie. Czy to, co mówię, ma jakiś sens? Mam wrażenie, że energia nie wypływa *ze* mnie, ale *przeze* mnie, bo potrafię się poddać i skupić tylko na tym, co się dzieje w danej chwili. Gdy udaje mi się wejść w ten stan podczas występu przed publicznością albo w kościele, wiem, że wypełniłem swoje zadanie.

– Nie ma różnicy, czy gotujesz, czy śpiewasz – powiedział Roger. – Zasada i tak jest jedna: energia musi pochodzić prosto z serca i wypływać z miłości do ludzi, którym ją ofiarujesz. À propos, James... Chcielibyśmy ci powiedzieć, że jesteśmy niezmiernie szczęśliwi, że twoja przyjaciółka cię tutaj zostawiła. To była niespodzianka, ale dała mi szansę rozruszać mięśnie, których od dawna nie używałem.

– O jakich mięśniach mówisz? – spytałem.

– Przypominasz mi mnie na pewnym etapie życia – odrzekł. – Wszyscy przechodzimy przez chwile, gdy nie wiemy, co robić dalej, albo stajemy na rozstaju dróg i wahamy się, którą ścieżkę wybrać. Wiele razy byłem w takiej sytuacji, kiedyś nawet zastanawiałem się, czy nie rzucić gotowania. Ale w takich momentach życia coś się przytrafia albo pojawia się ktoś, kto przypomina, co jest ważne, i pomaga nam wrócić na właściwy tor. W pewnym sensie odwdzięczam ci się za przysługę: przekazuję dar, który wielokrotnie sam otrzymałem.

– Ja także się cieszę, że tu jestem – powiedziałem do moich gospodarzy. – Porzucenie na waszym podjeździe nie było radosną chwilą, ale wydaje mi się, że właśnie tego potrzebowałem. Odkryłem rzeczy, o których bałem się myśleć, i dzięki temu teraz zaczynam patrzeć z nowego punktu widzenia...

– Nie mam pojęcia, o czym rozmawiacie – przyznała Kathleen – ale brzmi interesująco. Zresztą nie dziwię się. Gdy Roger filozofuje w kuchni, dzieją się przeróżne cuda.

– Nie wątpię. Zdumiałoby mnie, gdybym był pierwszy.

ROZDZIAŁ 6

Siostro, przebacz

– Dwa dni temu zacząłem opowiadać ci o swojej matce i rodzinie – powiedział Roger – oraz o moich pierwszych próbach kulinarnych...

Było wczesne popołudnie, dzień po wspaniałej kolacji Rogera. Wróciłem z długiego spaceru do wąwozu, a teraz szukałem mojego nauczyciela. Znalazłem go w kuchni: przygotowywał posiłek, który zamierzał podać nazajutrz na spotkaniu miejscowych kobiet. Choć ze wszystkich sił odmawiał przygotowywania wystawnych bankietów i kolacji, raz na jakiś czas niektóre z tutejszych organizacji lub firm skłaniały go do tego.

Ranek spędziłem na spacerze sam na sam ze swoimi myślami. Obudziłem się z poczuciem, że nadszedł czas wsłuchać się w głosy w mojej głowie, z których tak wiele ignorowałem przez ostatnie lata, a nawet dekady. Co muszę usłyszeć? Im dłużej spacerowałem, tym głębiej wnikały w moją świadomość, a ja chciałem usłyszeć jak najwięcej, zanim nadejdzie dzień wyjazdu.

Mój jutrzejszy wyjazd z Drew House miał wyglądać całkiem inaczej, niż początkowo planowałem, ale wiedziałem, że podczas pobytu otrzymałem dużo więcej, niż mogłem się spodziewać. Wydawało mi się, że przyjechałem tu pogłębić znajomość z Michele, a okazało się, że zagłębiłem się w siebie: nauczyłem się kochać te części mnie, które zaniedbywałem lub ignorowałem z nadzieją, że same się uzdrowią albo znikną. Ale były jak ołowiane ciężarki, które spowolniały mój rozwój. Na szczęście teraz te strony mojej duszy stały się jawne. W końcu mogłem je zobaczyć i się z nimi zmierzyć. Choć było to emocjonalnym wyzwaniem, czułem, że naprawdę się rozwijam.

– To była fascynująca opowieść – powiedziałem do Rogera. – Zwłaszcza gdy mówiłeś, że twoja mama była we francuskim ruchu oporu.

– Wyobraź sobie, że BBC nadało jej kryptonim „Mouton Blanc", czyli „biała owca". Jej rodzina mówiła na nią „Paryska Biała Owca", bo całkowicie różniła się od nich wyglądem. Oczywiście wyglądała inaczej, bo była adoptowana. Pamiętasz jej historię? Biologiczna matka mojej mamy niezamężna zaszła w ciążę, a jej rodzina sprzedała nieślubne dziecko, czyli moją mamę, żeby ratować honor rodziny. Dopiero podczas rodzinnego zjazdu po śmierci mojej matki odkryłem szokującą prawdę. Jedna ze starszych ciotek opowiadała historie i zdradziła, że krótko po narodzinach mojej matki jej biologiczna matka i biologiczny ojciec – polski żołnierz – popełnili samobójstwo. Wyobrażasz sobie? Oczywiście byłem zdumiony i zastanawiałem się, jak musiała się czuć moja mama. Czy obwiniała się o spowodowanie tej tragedii? Czy w ogóle wiedziała, co przydarzyło się jej biologicznym rodzicom? To takie dziwne, gdy poznajesz historie, które ukształtowały twoje życie albo życie twoich bliskich...

Zdążyłem się przyzwyczaić do wyjątkowej umiejętności Rogera wyczuwania tego, z czym się zmagam. Jeszcze nigdy w życiu nie myślałem tyle o mojej przeszłości. Choć nie zawsze podobało mi się to, co dostrzegałem, nie mogłem zaprzeczyć, że robiłem postępy. Dotychczas miałem wrażenie, że jadę na wstecznym biegu, jakbym próbował naprawić coś, czego nie potrafię dostrzec, lecz teraz czułem, że w końcu zmieniłem bieg i ruszam do przodu... Choć nieco szybciej niż chciałem.

– To zabawne, że o tym wspominasz – powiedziałem i usiadłem na „moim" taborecie. – Wczoraj rozmawiałem z Michele i pomogła mi zobaczyć, jak moja historia ukształtowała mnie takim, jakim jestem, na przykład moje usilne próby uratowania małżeństwa i naprawienia błędów młodości. A gdy w końcu zdawało się, że otrzymam szansę, której tak bardzo pragnąłem, wszystko legło w gruzach. Gdy zabito Lindę, cząstka mnie też umarła. Chyba dopiero wczoraj, a może nawet dziś, w pełni to zrozumiałem.

– Co z tym teraz zrobisz? – spytał Roger.

– A co mogę? Może po prostu przyznam się, że tak się stało, i spróbuję się zmienić.

– Miałem na myśli, jak zamierzasz się zmienić. Poczucie winy w niczym ci nie pomoże. Jedynie pogłębi twoje rany. Może istnieje sposób, abyś pomógł innym, którzy przeżywają podobnie trudne chwile. Jeśli udałoby ci się komuś przysłużyć, twoje rany zaczęłyby się goić.

– Jak coś takiego mogłoby komukolwiek pomóc? – spytałem.

– Nie wiem. To zależy od ciebie. Ale wiem jedno: czasem Bóg chce, żebyś odegrał określoną rolę. Mimo że odwracasz się do Niego plecami, i tak zdoła cię popchnąć w odpowiednim kierunku. Choć zazwyczaj lepiej Go posłuchać po dobroci... Pamiętam, jak kiedyś byłem z Kathleen na Karaibach, a dokładnie na St. Martin. To było chyba w 2005 roku. Trzeciej nocy pobytu obudziłem się z niesamowitego snu. Był tak autentyczny, tak żywy, że od razu opowiedziałem o nim Kathleen. Możesz się zdziwić, James, ale czuję, że muszę ci o nim opowiedzieć. W moim śnie objawiła mi się piękna, świetlista istota, a jej obecność napełniła mnie podziwem. Przekazała mi, że napiszę książkę, a jej mottem będzie jedno zdanie. To zadanie wryło mi się w pamięć: „Jesteś efektem tego, co myślisz i jesz". I już. Ta istota powiedziała mi, że kiedyś podzielę się tym spostrzeżeniem z całym światem.

– Słyszałeś te słowa wcześniej? – spytałem. – Podobny pogląd obił mi się kiedyś o uszy, choć ubrany w inne słowa.

– Tak. Identyczne słowa padły z ust Edgara Cayce'a... Może wiesz kto to?

– Tak... nazywano go „Śpiącym Prorokiem", bo wchodził w trans i przekazywał ludziom informacje o ich życiu albo o tym, jak mogą się uleczyć z danej choroby.

– Dokładnie! – wykrzyknął Roger, podekscytowany rozmową. – Powiedział tamte wyśnione przeze mnie słowa podczas jednego z transów. Ale cóż... Z czasem sen zbladł, a ja zacząłem wątpić w swój plan. Ja miałbym napisać książkę i podzielić się tą mądrością?! Zapomniałem o tym i żyłem dalej.

– Chyba wiem, jak to się skończy... – wtrąciłem.

– Pewnie tak. Jak mówiłem, gdy Bóg wyznacza nam zadanie, musimy zwrócić na nie uwagę. Jeśli je zignorujemy, możemy otrzymać dramatyczne przypomnienie. W moim przypadku wkrótce zacząłem odczuwać niechęć do pracy w zawodzie. Zawsze kochałem gotować, ale coś się we mnie zmieniło. Naprawdę chciałem to rzucić! Możesz mi wierzyć lub nie, ale któregoś dnia obudziłem się obolały. Mimo to ignorowałem swoje zadanie. Ból się nasilał, więc w końcu wybrałem się do lekarza. W gabinecie usłyszałem wiele możliwych wytłumaczeń, ale lekarz nie był w stanie mi pomóc. I nagle mnie oświeciło. Postanowiłem wrócić do pomysłu napisania książki, która mi się przyśniła. Gdy podjąłem tę decyzję, moje ciało od razu zareagowało. Ból ustąpił po kilku godzinach, a lekarz potwierdził, że wszystko wróciło do normy. To mnie ostatecznie przekonało, że moim przeznaczeniem jest podzielić się tą wiadomością.

– Rzeczywiście napisałeś książkę?

– Owszem. Od tamtego czasu czekam na właściwy moment, żeby coś z nią zrobić. Wiem, że to tylko kwestia czasu, bo to niezmiernie ważna wiadomość. Naprawdę jesteśmy tym, co myślimy i co jemy. Wiele osób wierzy, że nasze myśli tworzą naszą rzeczywistość, ale niewiele rozumie, jak ważną rolę odgrywa jedzenie. Między myślami a jedzeniem jest zależność. Te dwie rzeczy są kluczowe, i właśnie to muszę spopularyzować.

– Roger, wciąż nie widzę związku z moimi przejściami...

– Nie dostrzegasz, że ty także zostałeś *wezwany*? Nie sądzisz, że jesteś tu przypadkiem, prawda? Że nasze spotkanie to tylko zbieg okoliczności. Od chwili, gdy dwa dni temu niemal oblałem cię wodą, mam przeczucie, że jesteś tu z jakiegoś powodu. Nie wiem jakiego ani jakie będą konsekwencje, ale jakiś powód na pewno istnieje. Mam dla ciebie tylko jedną radę: nie popełniaj tego samego błędu co ja. Nie ignoruj tego, że po coś tu jesteś, ani temu nie zaprzeczaj.

Jeśli Roger miał rację, znalazłem się w niezłych tarapatach. A przynajmniej tak się czułem, gdy wróciłem do swojego pokoju i usiadłem w fotelu w rogu. Z jakiegoś powodu wszystkie błędy w moim życiu uczuciowym zostały mi przypomniane. Myśl, że mogłyby się komukolwiek przydać, wydała mi się absurdalna. Nie wystarczyłoby, gdybym nauczył się swojej lekcji i w końcu znalazł partnerkę na resztę życia? Dlaczego musiałem się tym dzielić z innymi? Oznaczałoby to, że muszę nie tylko otworzyć się przed sobą, ale także odsłonić te zakamarki mojej duszy, których wcale nie chciałem pokazywać. Miałem taką wprawę w ukrywaniu się, że często nabierałem samego siebie. Myśl o podzieleniu się doświadczeniem nieudanych związków i wszystkimi innymi zranieniami, które nagle się pokazały, była, oględnie mówiąc, przerażająca.

Zacząłem analizować swoje życie i myśleć, kiedy to wszystko się zaczęło. Zbyt proste byłoby wytłumaczenie, że śmierć Lindy zainicjowała łańcuch wydarzeń, w efekcie których wylądowałem na podjeździe Rogera. Zdobyłem się na szczerość przed sobą i przyznałem, że zaczęło się to dużo wcześniej – tak dawno, że moja pamięć nie sięgała do czasów, gdy czułem się komfortowo w bliskim związku z kobietą. Linda była moją pierwszą dziewczyną. Miałem wtedy dwadzieścia kilka lat.

Rozmyślałem dalej, gdy nagle w pamięci pojawił się pewien moment z przeszłości...

Był rok 1995 – rok, w którym napisałem swoją pierwszą książkę *Emisariusz światła*. Miałem trzydzieści trzy lata i niespodziewanie z kujona stałem się obiektem westchnień kobiet. Już mnie nie ignorowały; zaczęły mnie pożądać. Może zabrzmi to dziwnie, ale nie było mi łatwo się do tego przyzwyczaić. Często niecnie wykorzystywałem zainteresowanie kobiet i w efekcie przylgnęła do mnie zła opinia. Podróżując od miasta do miasta, promowałem książki i filmy. Za sobą zostawiałem tłumy pełnych nadziei kobiet. W głębi duszy wiedziałem, że wcale tego nie chcę, ale dopiero spotkanie Elizabeth sprawiło, że zmieniłem swoje zachowanie.

W 2001 roku przeniosłem się do Ashland, gdzie spotkałem młodszą o jedenaście lat kobietę, w której od razu się zakochałem. Elizabeth była początkującą pisarką o dużo większym talencie niż ja i od razu mnie zainteresowała. Była piękna, a jej śmiech zawsze przyspieszał bicie mojego serca. A co najważniejsze, stała się moją najlepszą przyjaciółką, która mnie rozumiała i akceptowała mimo wad. Szybko pojąłem, że chcę wieść z nią życie. Było to na cztery lata przed śmiercią Lindy. Choć wciąż chciałem odzyskać miłość byłej żony, nie zapowiadało się na to. Linda nie dawała mi nadziei. Natomiast Elizabeth była osiągalna, a tego nie czułem od dawna. Postanowiłem zapomnieć przeszłość i poddać się miłości.

Do dziś nie wiem, co między nami zaszło. Podczas kręcenia filmu *Indygo* Elizabeth mnie rzuciła. Nie wytłumaczyła tego w żaden sposób, a jej decyzja wyjazdu z Oregonu i zerwania wszelkich kontaktów zszokowała mnie całkowicie. Rok później wciąż tak dotkliwie odczuwałem tę stratę, że musiałem coś zrobić, żeby nie oszaleć. Sprawę pogarszał fakt, że nie znałem przyczyny jej zachowania. Ponieważ działałem trochę w branży filmowej, postanowiłem napisać scenariusz, w którym zawrę swoje emocje. Film *Wejrzyj we mnie* miał być początkowo terapeutycznym ćwiczeniem, ale gdy skończyłem scenariusz i pozwoliłem go przeczytać kilku znajomym, namawiali mnie, abym go zekranizował. Szybko zebraliśmy pieniądze i zatrudniliśmy aktorów. Zanim zdążyłem się zorientować, kręciłem film.

Gdy wszedł na ekrany, z zaskoczeniem odkryłem, że bardzo mocno wpływa na wszystkich widzów. Co najmniej jedna osoba na widowni nie wytrzymywała i opuszczała salę przed końcem projekcji. Było mi ciężko się z tym pogodzić, dopóki nie zrozumiałem, co się tak naprawdę dzieje. Widzowie głęboko odczuwali ten film: obraz odsłaniał to, co w nich zranione i obolałe, a co pragnęło jakiejś formy ujścia. Każdy z nas został porzucony, a większość z nas była rzucającym. Bez względu na etap naszego życia, bycie w związku lub samotność – te uczucia ot tak nie znikają. Z jakiegoś powodu mój skromny film pomagał widzom uwolnić się od ciężaru, który dźwigali na swoich barkach od lat.

Nagle zrozumiałem, co Roger próbował mi powiedzieć. Nakręcenie tego filmu było wykorzystaniem moich doświadczeń do pomocy innym ludziom. Był to dziwny rodzaj pomocy, ale szczery. Nie mogłem temu zaprzeczyć. Roger wspomniał, że gdy usiłował rzucić zawód kucharza, który niewątpliwie jest jego powołaniem, zaczął mieć problemy ze zdrowiem. Gdy wrócił na właściwą ścieżkę, dolegliwości minęły. Czy to możliwe, że moje przejścia z Elizabeth oraz pozostałe klęski w życiu miłosnym były czymś podobnym? A gdyby udało mi się znaleźć sposób na naprawienie szkód poprzez zrobienie czegoś, co pomogłoby innym tak jak film *Wejrzyj we mnie*?

Zauważyłem, że na komodzie leży notatnik. Na dnie torby miałem długopis, więc zacząłem go szukać. Następnie usiadłem wygodnie i otworzyłem swoje serce. Co chciałem powiedzieć? Gdybym miał tylko jedną szansę, żeby wyrazić, jak skrzywdziłem kobiety mojego życia, co bym napisał? To była nieudolna, a nawet naiwna próba, ale czułem, że nie mam innego wyjścia. Oto miałem dla siebie chwilę, która wydawała się odpowiednia. Zacząłem pisać...

Siostro, przebacz

Żałuję, że nie byłem bardziej świadomy,
gdy budziły się moje lęki.
Nie chciałem ich na ciebie przenosić ani odpychać cię od siebie.
Żałuję, że nie potrafiłem ustać chwili w miejscu,
zamiast biec lub zmuszać cię do biegu,
a choćbym odbiegł daleko, wciąż byłaś przy mnie,
a ja wciąż czułem się sam.

Tyle się od ciebie nauczyłem, tyle zyskałem,
ale tego się nikt nie dowie, bo bałem się własnej bezbronności.
Samotność wydawała się azylem, choć brakowało mi bliskości.
Jedność z drugą osobą napawała mnie obawą, że coś stracę,
a nie zyskam nic w zamian.
Żałuję, że nie widziałem w tobie siostry,
lecz kogoś, kogo mogę wykorzystać, by po chwili porzucić.
Nigdy bym tak nie postąpił z członkiem rodziny,
a tak cię widzę, gdy o tobie myślę.

Siostro, wybacz, że cię nie doceniałem i patrzyłem w inną stronę.
Nie szanowałem cię, nie miałem nadziei na coś lepszego.
Przepraszam za niecierpliwość, za brak troski,
za pozostawienie cię z myślami, że zrobiłaś coś nie tak.

To nie ty popełniłaś błąd,
ale szczerze mówiąc, ja także nie.
Wszystkie te chwile mnie ukształtowały,
i chwilę obecną cenię ponad wszystko.

Dzięki temu dziś mogę spojrzeć ci w oczy i przeprosić.
I poprosić o wybaczenie.
Nie uciekałem przed tobą,
to od siebie próbowałem uciec.

Teraz to rozumiem i rozumiem też ciebie,
to, kim naprawdę jesteś!
Jesteś darem, który pomaga mi pamiętać,
że życiem należy się dzielić,
i od teraz tak będę żył.

A przede wszystkim pragnę, byś wiedziała, że cię kocham.
Nie za to, kim zdawałaś się być lub co mogłem od ciebie dostać,
ale za to, kim naprawdę jesteś.
Teraz gdy widzę wyraźnie, wiem, że nigdy cię nie zapomnę.

Odłożyłem długopis i przeczytałem to, co właśnie napisałem. Część mnie chciała poczuć inne emocje niż te, które odczuwałem – zasmucić się, a może nawet rozpłakać – ale nie takie uczucia kłębiły się w moim sercu. Czułem, że jest przepełnione... Czułem ulgę, jakbym uwolnił coś, co od dawna trzymało mnie w miejscu. Nie było to poczucie winy, ale postanowienie: rozwijać się i żyć inaczej.

Wszystko, co przeżyłem z Michele, Lindą, Nancy i Elizabeth, nie miało nic wspólnego z moimi pierwotnymi przypuszczeniami. Moja dusza chciała doświadczyć miłości, chciała uwolnić strach, który od tylu lat więziłem w sobie. To nie był koniec, lecz początek i czułem, że coś się właśnie narodziło.

Rozparłem się w fotelu i głęboko odetchnąłem.

ROZDZIAŁ 7

Łyk wina

Obudziłem się i zdałem sobie sprawę, że nadszedł ten dzień. Za kilka godzin wrócę do Oregonu, co oznacza, że mój czas z Rogerem dobiega końca. Nie czułem się na to gotowy. Miałem wrażenie, że taboret w kuchni należy do mnie, a myśl o powrocie do życia, w którym jedzenie to jedynie coś, co zamawia się z menu, była trudna do zniesienia. Nigdy nie podejrzewałem, że tak wiele duchowości można znaleźć w warzywie lub przepisie przekazywanym z pokolenia na pokolenie. Może w ciągu tych trzech dni nie zostałem szefem kuchni, ale z pewnością poznałem lepiej samego siebie – a to nie lada osiągnięcie.

Nie wiedziałem, czy pokazać Rogerowi wiersz, który napisałem poprzedniego wieczoru. Był zaledwie skromnym początkiem, zaliczką na poczet większej pracy, która czekała mnie w przyszłości. Ostatecznie postanowiłem się nim nie dzielić – a przynajmniej jeszcze nie. Myśl, że mógłby być aktem pomocy, który zrekompensuje pomyłki z przeszłości, była wciąż egzotyczna, ale czułem, że w mojej głowie zaczyna kiełkować zasiane ziarenko, i póki co musiało to wystarczyć.

– Pamiętasz, jak mówiłem o moim przyjacielu Alainie Dutournier, słynnym francuskim kucharzu? – spytał Roger. Siedziałem na taborecie, a on przygotowywał śniadanie.

– Ten, który wybrał jajka na ostatni posiłek?

– Tak. Myślałem dziś o nim. Podczas jego pobytu w Drew House wydarzyło się coś jeszcze, o czym chciałbym ci opowiedzieć. Pamiętaj, że Alain jest jednym z najlepszych francuskich kucharzy. Jego trzy paryskie restauracje są słynne na całym świecie. Wspominałem już, że miejscowy biznesmen postanowił zorganizować wystawną kolację, żeby zebrać pieniądze na cele charytatywne. Zatrudnił Alaina, żeby przygotował dania. Chyba nie mówiłem poprzednio, że bilet wstępu kosztował pięć tysięcy dolarów. Oczywiście dla tak hojnych ofiarodawców trzeba było przygotować najznakomitsze potrawy.

– Pięć tysięcy dolarów?! Rozumiem... na taką imprezę trzeba ściągnąć naprawdę dobrego kucharza.

– Niewątpliwie. Alain nie jest tani. Poza tym przyleciał z dwoma asystentami, bo sam nie byłby w stanie przygotować takiej kolacji. Aha, muszę wspomnieć, że gospodarz posiadał jedną z najlepszych kolekcji win. Miał takie białe kruki jak Château Lafite Rothschild z 1864 roku i Maison Leroy z 1962. Zamierzał podać niektóre z nich podczas kolacji. Jak mówiłem, Alain i jego pracownicy nocowali tutaj, w Drew House. Pewnie wszyscy sądzili, że Alain poczuje się jak w domu z kolejnym Francuzem na wyposażeniu!

– Na pewno czuł się tutaj doskonale – odpowiedziałem z uśmiechem.

– Chyba tak. W każdym razie w pewnym momencie zaciekawiłem się, ile ktoś taki jak Alain zarabia, gdy przylatuje z Francji do Kanady, żeby ugotować jeden posiłek. Jego odpowiedź mnie zdumiała.

– Aż tyle?

– Tak i nie. Wyobraź sobie, że nie chciał żadnego wynagrodzenia. Naprawdę. Oczywiście zapłacono jego asystentom, ale jeśli chodzi o Alaina – wybrał inną formę wynagrodzenia. Chciał jedynie spróbować serwowanych tego wieczoru win.

– Niemożliwe! Tylko tyle?

– Cóż, jak mówiłem, niektóre z tych win były niebywale rzadkie. Alain wiedział, że to jego jedyna szansa, żeby ich skosztować. Było to dla niego ważniejsze niż pieniądze.

– Więc zrzekł się zapłaty, żeby popróbować kilku butelek wina?

– Mówię ci o tym, bo to świadczy o czymś bardzo ważnym. Pokazuje prawdziwe znaczenie dostatku i służby. Pamiętasz, jak mówiłem, że prawdziwy dostatek polega na tym, jak się *czujemy*, a nie, co mamy? Przykładowo gdy masz garść banknotów, to nie te kawałki papieru cię cieszą, lecz to, co możesz za nie kupić. Niektórzy ludzie pragną rzeczy drogich i ekstrawaganckich, inni wolą skupić się na rozwoju duchowym. Poza tym bogactwem należy się dzielić, bo tylko wtedy będziemy je czuli.

– Rozumiem, ale jak degustacja win przez Alaina przysłużyła się komukolwiek?

– Przysłużyła się, bo Alain przelał swoje uczucia w przygotowywane potrawy. Słyszałem opinie uczestników tamtej kolacji. To był najdoskonalszy posiłek w ich życiu. Częściowo dlatego, że Alain to doskonały kucharz, ale przede wszystkim dzięki temu, że dodał coś jeszcze. Dodał siebie.

– A jak mówiłeś – wtrąciłem – wino, którego spróbował, było cenniejsze od pieniędzy.

– Zbyt wiele energii tracimy na to, co nie ma prawdziwej wartości, a nie zauważamy tego, co naprawdę się liczy. Alain taki nie jest. Dla niego degustacja unikalnego wina była ważniejsza niż to, co mógłby kupić za pieniądze. Mówię ci, tyle się od niego nauczyłem! Dla mnie jest doskonałym przykładem duchowości pozbawionej obłudy.

– Chętnie bym go poznał – powiedziałem.

– Jeśli wybierzesz się do Paryża, zorganizuję wam spotkanie. Jestem pewny, że się polubicie.

– Dlaczego tak sądzisz?

– Ponieważ podobnie jak on jesteś skoncentrowany na wypełnianiu potrzeb serca, a nie tylko ego. Jesteś tutaj, ponieważ chciałeś znaleźć miłość z drugą osobą, i choć sprawy nie potoczyły się po twojej myśli, wciąż jesteś otwarty na naukę i rozwój. Sądzę, że to bardzo dobry znak na przyszłość.

– Mam nadzieję, że doprowadzi mnie to do czegoś ważnego – powiedziałem z nadzieją, że Roger się nie myli. – Przyjechałem tu, bo szukałem jednego, ale znalazłem coś innego.

– Przyjechałeś tu w poszukiwaniu miłości i znalazłeś...

Czekałem, żeby dokończył zdanie, ale on się tylko we mnie wpatrywał. Chciał, żebym to *ja* je skończył.

– Nie wiem, co powiedzieć – poddałem się.

– *Miłość!* Odnalazłeś miłość... po prostu pod inną postacią niż ta, której się spodziewałeś. Wszystko to, co mówiliśmy o jedzeniu i życiu, jest spajane miłością. To tej szukasz i zdaje mi się, że ją znalazłeś.

– Chyba rozumiem, o czym mówisz, ale czasami to nie takie proste.

– Ależ to *jest* proste – nalegał Roger z coraz większą pasją. – Spójrz na to w ten sposób: nie możesz znaleźć czegoś, czego w tobie nie ma. Prawda?

Spojrzałem na Rogera skonsternowany:

– Ale jeśli czegoś szukasz, to znaczy, że tego tam nie ma.

– *Błąd!* Tak uważa większość ludzi, ale się myli. Jeśli czegoś nie ma w twoim wnętrzu w tej czy innej formie, to nie rozpoznasz tego, choćbyś się o to potknął. To, czego szukasz, może być tuż przed twoim nosem, a ty i tak się nie zorientujesz. Rozumiesz, co mam na myśli? Miłość, której szukasz, już tam jest. Po prostu musisz ją zauważyć.

– To brzmi bardzo enigmatycznie. Moja miłość dała mi kosza i odjechała do Toronto. Ale z drugiej strony gdyby nie to, inne rzeczy by się nie wydarzyły. To miałeś na myśli?

– Wyobraź sobie... – powiedział Roger z uśmiechem – że masz oliwki. Sok jest w ich wnętrzu, prawda?

– Owszem.

– Ale nie ma z niego żadnego pożytku, póki go nie wyciśniemy, nie *wyrazimy*. Rozumiesz?

– Mówiąc „wyrazimy", masz na myśli zamanifestowanie tego, co już jest w ich wnętrzu?

– Widzę, że złapałeś! Pamiętasz, co mówiłem o czosnku? Trzeba go zmiażdżyć, żeby uwolnić sok. W przeciwnym razie zagoi się i schowa to, co mogłoby przynieść wielką radość innym. To jak z prawdą w twoim przypadku. Zostałeś zmiażdżony przez Michele, tak? Zdeptała cię i zmusiła do spojrzenia na sprawy, na które wcześniej bałeś się patrzeć. I dopiero wtedy udało ci się wyrazić, uzewnętrznić swój sok. To dla mnie oczywiste i chyba każdy się ze mną zgodzi. Przez ostatnie trzy dni bardzo się zmieniłeś... I to tylko dlatego, że zechciałeś przejść przez ten niesamowity, alchemiczny proces. Może nie był łagodny, ale miażdżenie nigdy takie nie jest. Spytaj czosnek albo oliwkę! Ale teraz, gdy twój sok się wylał, możesz wykorzystać go w twórczy sposób. Właśnie to miałem na myśli, mówiąc, że podczas tej podróży znalazłeś miłość, ale nie taką, jakiej się spodziewałeś.

– Ale nie skończyło się tak, jak chciałem – odparłem. – Miałem nadzieję, że mój związek z Michele się zacieśni...

– Musisz zrozumieć, że nie masz bezpośredniej kontroli nad zewnętrznymi zdarzeniami. To, co widzisz dookoła siebie, tak naprawdę jest konsekwencją lub obrazem tego, co znajduje się w twoim wnętrzu. Pomysł, że mógłbyś wpływać na inne osoby, na przykład na Michele, bez wcześniejszej zmiany swojego nastawienia, jest nie do zrealizowania. Wiem, że racjonalnie trudno to zrozumieć, ale mówię ci, że nie da się myśleć jednego, a robić drugie. To wbrew prawom wszechświata. To przyczyna wszystkich ludzkich nieszczęść: chorób, biedy, a nawet śmierci... Nie zmienisz swojego życia, jeśli skupisz się na tym, co na *zewnątrz*, i nie zmienisz tego, co *wewnątrz*.

– Co to jest „prawo wszechświata"? – spytałem.

– Prawo wszechświata mówi – odrzekł Roger – że to, co pomyślisz, przekształca się w twoje doświadczenia. *Co wewnątrz, to na zewnątrz.* Wiadomo o tym od tysięcy lat, ale ludzie zachowują się, jakby była to jakaś nowość. W praktyce wygląda to następująco: nie da się myśleć tak, a robić siak. Trudność polega na tym, że do końca nie wiemy, o czym tak naprawdę myślimy, ponieważ myśl to coś więcej niż zewnętrzny, świadomy proces. Nie zdajemy sobie sprawy z tego, na ilu poziomach myślimy. Ale prawda pozostaje niezmienna: nie doświadczymy czegoś, czego w nas nie ma. Gdy to dojrzymy, proces, który zachodzi w naszym wnętrzu, zostanie odsłonięty.

– Ale jeśli to, co zostanie odsłonięte, wcale nam się nie spodoba? – dociekałem.

– To należy się z tego bardzo cieszyć – powiedział Roger i energicznie wstał. – Wtedy wiesz, co kryje się w zakamarkach twojego umysłu i przenika do twojego życia bez twojej wiedzy. Możesz to przekształcić w coś, co pomoże ci żyć szczęśliwiej. Możesz odkryć niezdrowy schemat, w którym tkwisz i który nie pozwala zmienić ci pewnych aspektów życia. Zauważenie schematu jest pierwszym krokiem do tego, by się go pozbyć. Wyzwanie polega na tym, że pokonanie tych subtelnych, umysłowych zwyczajów jest dużo trudniejsze niż zwalczenie fizycznych nawyków. Dlaczego? Nawyki fizyczne są łatwe do zidentyfikowania - widać je gołym okiem. A zwyczaje wewnętrzne pojawiają się w podświadomości i wciąż się zmieniają. Twoje działania stają się jawne natychmiast, ale myśli pozostają w ukryciu. Potrzeba więcej czujności i odwagi, żeby je zauważyć i zmienić.

– Czyli wciąż powtarzam negatywne doświadczenia z kobietami, ponieważ taki mam nawyk? – spytałem.

– Gdzieś w twoim wnętrzu wyrył się wzór, do którego wciąż nawiązujesz, i nie przestaniesz tego robić, dopóki go nie zidentyfikujesz i nie zmienisz. Spójrz na to w ten sposób: jeśli masz przepis, w którym jeden ze składników został niepoprawnie zapisany – przykładowo dwie filiżanki soku z cytryny zamiast jednej, będziesz otrzymywał ten sam produkt za każdym razem, dopóki nie rozgryziesz, na czym polega błąd. Możesz przyrządzać danie sto albo i tysiąc razy, a smak wciąż będzie zły... tylko dlatego, że przepis zawiera błąd! Gdy skorygujesz przepis, nagle danie zacznie smakować tak, jak powinno, a stary wzorzec zostanie wymazany.

– Chyba rozumiem – powiedziałem. – Wzorzec postępowania w umyśle jest jak przepis kulinarny. Decydujesz, co trzeba dodać i w jakiej ilości. Ale ciasto albo to, co próbujesz wytworzyć, samo się nie zmieni, póki przepis – czyli wzorzec – nie ulegnie zmianie. Oczekiwanie, że ciasto uda się bez zmiany przepisu, jest bezzasadne.

– Nie tylko bezzasadne, ale i szalone – dodał Roger. – Nie mam na myśli medycznego rozumienia szaleństwa. Wszyscy jesteśmy szaleni, bo chcemy, żeby w życiu było po naszemu, ale nie zadajemy sobie trudu, by naprawdę tak się działo. A to wcale nie jest takie trudne, gdy już zrozumiemy, jak działa prawo wszechświata. Gdy je pojmiemy, wszystko zaczyna układać się po naszej myśli i dostrzegamy to, co zawsze było oczywiste. Właśnie tego się uczyłeś: dostrzegać to, co jest tuż przed twoim nosem. Ale do tego potrzeba wielkiej odwagi. Tobie jej nie brakuje.

– Muszę ci się do czegoś przyznać – powiedziałem. – Nie będę w stanie żyć tak, jak żyłem wcześniej. W końcu zaczynam rozpoznawać wzorce, które uniemożliwiały mi zaznanie miłości, choć była na wyciągnięcie ręki. W moim życiu pojawiały się naprawdę wspaniałe kobiety, ale ja odepchnąłem każdą przez te wzorce, o których mówisz. Po raz pierwszy czuję, że zasługuję na miłość, której szukam.

Zamilkłem. Miałem wrażenie, że z serca spadł mi ogromny kamień. Wszystko, co dotychczas tłamsiłem, wybuchło i wylało się na podłogę niczym lawa... Poczułem się *wspaniale*. Do tej pory plułem sobie w brodę za swoje zachowanie, ale nie miałem pojęcia, jak je zmienić. Przyznawszy się do swoich uczuć, zrozumiałem, że w końcu będę mógł stać się innym człowiekiem.

– Naprawdę zostałeś zmiażdżony – zauważył radośnie Roger. – Wspaniale! Nie sądzisz, że nic lepszego nie mogło ci się przytrafić?

– Wspaniale? Owszem, cieszę się, ale mam też niezłego stracha. Nie wiem, co robić.

– No to się z tym pogódź. Zagubienie i brak wytyczonej ścieżki to nic złego. Moim zdaniem dużo lepiej, gdy człowiek wie, że się zgubił, niż gdy upiera się, że coś wie, choć tak nie jest. Właśnie tak większość ludzi przeżywa swoje życie: wierzą, że znają drogę, albo zachowują się, jakby ją znali, zamiast spytać o wskazówki, gdy ich potrzebują. Mam wrażenie, że prosisz o pomoc. Chyba się nie mylę, co?

– Skądże! Proszę o nią... a w zasadzie błagam.

– W takim razie witaj w nowym świecie! – powiedział Roger z uśmiechem. – W świecie, gdzie każdy w potrzebie może liczyć na pomoc. Proś, a będzie ci dane, prawda? Zatem pytanie brzmi: jakiej pomocy potrzebujesz?

Zamyśliłem się i doszedłem do wniosku, że nie mam bladego pojęcia. Poczułem się nieswojo. Nie miałem najmniejszego pomysłu, o co prosić – poza wiedzą, co powinienem robić dalej.

– Nie wiem – odrzekłem. – Znowu nie mam pojęcia.

– W takim razie trzymamy się najpotężniejszej modlitwy na ziemi. Jest tak prosta, że można ją podsumować w jednym słowie: „Pomocy!". Gdy zdarza się chwila w życiu, że nie pozostaje ci nic innego tylko wykrzyczeć to jedno słowo, to tak naprawdę jesteś na bardzo silnej pozycji. Gdy w końcu pojmujesz, że nie jesteś w stanie poradzić sobie sam, dostrzegasz, że wcale nie musisz. Gdy twoje życiowe soki zostaną z ciebie wyciśnięte, zawsze są do czegoś wykorzystywane. Czy ja miażdżę czosnek dla samego miażdżenia? Oczywiście, że nie. Wykorzystuję całość do przygotowania najlepszego posiłku, jaki potrafię przyrządzić, a w efekcie czosnek służy wszystkim biesiadnikom. Tak samo będzie w twoim przypadku. Nic nie dzieje się bez powodu, masz moje słowo. Zadajesz ważne pytania i wykazujesz dość pokory, aby usłyszeć odpowiedzi. Pamiętaj o tej jednej modlitwie i pozwól, żeby sprawy toczyły się własnym torem.

– Już się toczą – powiedziałem. – W życiu nie pomyślałbym, że zerwanie z kobietą może doprowadzić do spotkania z kimś takim jak ty.

– Szkoda, że ja nie spotykałem kogoś takiego jak ja, kiedy dostawałem kosza – dodał Roger ze śmiechem.

– Ja nie żartuję. Chcę, żebyś wiedział, jak bardzo to doceniam. Nauczyłeś mnie dużo więcej, nie tylko kilku ciekawostek o jedzeniu i francuskiej kuchni. Mam wrażenie, że uczyłeś mnie *o mnie*. A to nie jest drobnostka.

– Masz rację, to nie jest drobnostka – odrzekł, poważniejąc – ale jednocześnie jest. Bo istota rzeczy polega na traktowaniu każdego wydarzenia w życiu jak najważniejszej sprawy na świecie, a jednocześnie jak sprawy bez znaczenia. Taka równowaga to trudna sztuka, ale jeśli ją opanujesz, zostaniesz moim nauczycielem. A to byłoby wspaniałe.

Spędziliśmy resztę poranka na rozmowach o gotowaniu i życiu. Gdy przyjechała po mnie taksówka, czułem się gotowy.

Chwyciłem bagaż i w towarzystwie Rogera ruszyłem do drzwi.

– Wróć koniecznie na kurs gotowania – powiedział. – Dopiero zacząłeś poznawać francuską kuchnię, a chciałbym cię nauczyć czegoś więcej.

– Mam przeczucie, że często będziemy się spotykać – powiedziałem z uśmiechem. – Nie wiem, w jakiej formie, ale tak czy inaczej – ta historia dopiero się rozpoczęła.

ROZDZIAŁ 8

Powrót do domu

Nieco poobijany, ale nie zdruzgotany ruszyłem w drogę do Oregonu do życia, które chyba już nie istniało. A jeśli wciąż na mnie czekało, musiało przygotować się na niespodziankę.

Przypomniał mi się urlop, który spędziłem kilka lat temu na Bahamach. Wybrałem się na pełną ryb rafę, aby ponurkować. Byłem całkowicie zielony – nie miałem pojęcia, co robić, ale nie mogłem przepuścić takiej okazji. Znajdowałem się już pół godziny w wodzie, gdy kilka stóp nad moją głową przemknęła motorówka. Wzburzona woda rzucała mną na wszystkie strony. Straciłem kontrolę: unosiłem się i opadałem z falami. Trwało to może kilka sekund, ale wystarczyło, żeby wywołać panikę, jaka nigdy wcześniej mnie nie ogarnęła: poczułem obezwładniającą bezbronność, która nie miała końca.

W tamtej chwili pomyślałem, że umrę, ale w głębi duszy odczuwałem także spokój... Miałem wrażenie, że otacza mnie, a nawet chroni, boska siła. Jak tylko się rozluźniłem i pozwoliłem jej zadziałać, fale uspokoiły się, a moje ciało przyjęło odpowiednią pozycję. Panika zniknęła, a ja mogłem kontynuować przygodę.

Mimo to nigdy nie zapomnę połączenia strachu i ulgi, zespolonych jak starzy, dobrzy przyjaciele.

Przypomniałem sobie to uczucie, gdy wracałem do swojego starego życia. Doświadczenia w Drew House zostawiły po sobie swego rodzaju ranę, jakby amputowano mi coś strasznego. Ta wyimaginowana blizna łaskotała przy dotyku, ale w dobry sposób, tak jak swędzieć mogłaby gojąca się rana.

Wszystko, czego nauczyłem się od Rogera, nawet jego elegancki styl bycia i życie, które stworzył sobie w Elorze, zostało wyryte na mojej skórze niczym tatuaż. Teraz moim zadaniem było dodanie kolorów do otrzymanych konturów. Modliłem się o odwagę i wytrwałość na wypadek, gdyby moja determinacja została poddana próbie.

Kilka tygodni po moim powrocie otrzymałem nieoczekiwaną wiadomość od Alice, kobiety, która zawsze mi się podobała, ale trzymała mnie na dystans, ponieważ była mężatką. Kilka lat wcześniej, gdy spotkaliśmy się w Irlandii, podzieliłem się z nią tym, co do niej czuję. Przyznałem, że łączy mnie z nią silną więź, ale nie mam zamiaru dalej jej umacniać. Powiedziała, że docenia moją szczerość i samokontrolę. Nasza przyjaźń kwitła dalej, ale ponieważ mieszkaliśmy w innych stanach, rzadko się widywaliśmy.

Gdy słuchałem wiadomości od Alice, uderzyło mnie, że jej głos brzmi inaczej, niż go zapamiętałem. Dźwięczał w nim pośpiech, nawet niepokój. Prosiła, abym niezwłocznie się z nią skontaktował. Nie miałem pojęcia, czemu się do mnie odezwała, ale intuicja podpowiadała mi, że lepiej nie zwlekać i oddzwonić. Wybrałem numer, a ona odebrała już po drugim sygnale.

– Miałam przeczucie, że szybko oddzwonisz – powiedziała Alice, gdy zdała sobie sprawę, kto telefonuje. – Nie chciałam zabrzmieć jak desperatka, ale naprawdę musiałam z tobą porozmawiać.

– No to słucham – odrzekłem. – Co jest takie pilne?

– To wcale nie pilne. Po prostu słyszałam, że w twoim życiu nastąpiło sporo zmian, i chciałam, żebyś wiedział, że u mnie też.

Gdy usłyszałem te słowa, coś we mnie zapłonęło. Często myślałem o tym, że któregoś dnia Alice będzie wolna i będziemy mieli szansę umocnić naszą więź. Wiedziałem, co zaraz powie, więc wstrzymałem oddech w oczekiwaniu.

– Rozwodzę się z Bobem – powiedziała. – To dobry człowiek i nie mogę powiedzieć o nim złego słowa, ale od jakiegoś czasu zmierzaliśmy w różnych kierunkach... Nasza separacja była nieunikniona.

– O rany, wierzyć mi się nie chce – powiedziałem nie do końca szczerze. – To była twoja decyzja czy wspólnie ją podjęliście?

– Nie uwierzysz, ale on tak postanowił. Ja chyba nie zdecydowałabym się na ten krok, choć czułam to samo co on. Pewnie tkwiłabym w tym związku dalej i próbowała go naprawić. Ale to już niemożliwe. Bob podjął decyzję i czas ruszyć do przodu.

– Gdzie jesteś i co porabiasz?

– Bywam to tu, to tam – odrzekła Alice i miałem wrażenie, że jej słowa posiadały drugie dno. – Spędziłam sporo czasu w Peru i na Hawajach. Niedługo będę w Oregonie i miałam nadzieję, że się spotkamy.

Wyczułem w jej głosie powściągliwość: uczucie, które zawsze mi towarzyszyło, gdy się spotykaliśmy. Ileż razy chciałem powiedzieć więcej, ale gryzłem się w język i zmuszałem do zachowania dla siebie tego, co tak bardzo chciałem jej przekazać? Czy to możliwe, że w końcu byliśmy w tym samym miejscu? A jeśli tak, to co to oznaczało? Skoro tak niedawno się rozstali, ostatnią rzeczą, której potrzebowała, były moje konkury. Ale przecież to *ona do mnie zadzwoniła*, a nie na odwrót. Choć wciąż nie wiedziałem, jakie miała intencje, czułem dreszcz podekscytowania.

– Żartujesz? – odrzekłem w końcu. – Bardzo chcę się z tobą spotkać! Jak długo zostaniesz? Kiedy przyjeżdżasz?

– Zwolnij trochę – zaśmiała się, gdy wyczuła mój entuzjazm. – Nie mam żadnych planów, więc mogę zostać tak długo, jak długo mnie zniesiesz, a jeśli chodzi o mój przyjazd... Co powiesz na czternastą?

– Dzisiaj?! To znaczy... super – powiedziałem, powstrzymując wybuch radości. – Mam w domu sypialnię dla gości, więc możesz nocować u mnie. I oczywiście możesz u mnie zostać choćby do końca życia...

Nastąpiło długie milczenie, a ja zastanawiałem się nad efektem mojego żartu. A może była to przynęta rzucona po to, żeby sprawdzić, jak Alice zareaguje: chwyci ją czy da mi kosza? Tak czy inaczej chciałem się dowiedzieć, na czym stoję.

– To był żart, tak? Wiesz przecież, że...

– Tak, żartowałem. Wiem, w jakiej jesteś sytuacji. Po prostu jestem zaskoczony, że właśnie rozmawiamy przez telefon. Kiedy ostatnio się widzieliśmy?

– Kilka lat temu – odpowiedziała Alice. – Ale często o tobie myślałam. Zastanawiałam się, gdzie jesteś i co porabiasz. W końcu będziemy mieli szansę pobyć razem i nadgonić zaległości.

– Niewątpliwie – zgodziłem się i odzyskałem pewność siebie. – To się przyda nam obojgu.

Rozłączyłem się i rozejrzałem po domu. Wysprzątanie go zajmie mi długie godziny, a nawet wtedy będzie wyglądał jak mieszkanie kawalera. Zszedłem na parter do sypialni dla gości i zmieniłem pościel. Zebrałem też niepotrzebnie leżące tam graty. Kuchnia stanowiła kolejny szczyt do zdobycia, tym razem na miarę Mount Everestu. W zlewie leżały sterty naczyń, a na blacie walały się przyrządy kuchenne, których nie używałem od tygodni. Pośpiech i gorączkowość sprzątania oderwały mnie od cisnących się myśli o możliwościach, które wiązały się z odwiedzinami Alice – singielki – w moim domu. Próbowałem trzymać wyobraźnię na wodzy, ale nie mogłem przestać myśleć o tym, że za kilka godzin zapuka do moich drzwi.

Wszedłem do sypialni i dostrzegłem leżący na biurku notatnik. Był otwarty na stronie z wierszem, który zacząłem pisać w Drew House. Utwór ten był pierwszą próbą wypędzenia demonów przeszłości. Od tamtego czasu nieco go rozbudowałem. Pisałem w tym samym duchu, ale dodałem kilka nowych myśli. Wziąłem go do ręki i zacząłem czytać nowe wersy:

Czy istnieje sposób, by przekonać cię, że opuściłem swój klasztor
albo znalazłem nową metodę zaciągnięcia kotar
po starych zwyczajach,
które zasłaniały mi twoje potrzeby?
Mam nadzieję, że mi uwierzysz.

Jeśli nie, to mam przynajmniej swoje życie za świadka,
mam na dowód własne czyny, przypomną mi, gdzie byłem.
I gdzie już nigdy nie chcę wracać.

Chciałbym móc powiedzieć, że zrobiłem to dla ciebie
albo że chcę odpłacić za obudzone na nowo wspomnienia.
Teraz mamy przed sobą tak obiecujący widok.

Ale tak naprawdę zrobiłem to dla siebie.
Zawsze mi to doradzałaś.

Ale tym razem jest pewna różnica:
Zrobiłem to także dla tej następnej –
dla niej zrzucę niepasujący już kostium
i wyjdę na nową scenę, na której na mnie czeka.

Zrobiłem to dla siebie i zrobiłem to dla niej.
Chciałbym móc zaoferować ci coś więcej,
więcej niż chęć dostrzeżenia cię jako całości.

Gdy chwilę później robiłem zakupy, nagle zobaczyłem przyjaciółkę Tarę. Była także znajomą Nancy, i to właśnie ona powiadomiła mnie o jej śmierci. Tara zawsze opowiadała się za utrzymywaniem równowagi w życiu, a tego teraz potrzebowałem. Była przy mnie podczas miłosnych zawodów, a jej życiowa mądrość zawsze dobrze służyła mojemu wzburzonemu życiu miłosnemu.

Gdy rozmawialiśmy, cząstka mnie zastanawiała się, czy wspomnieć o przyjeździe Alice. Wiedziałem, co powie Tara: jest za wcześnie, żeby Alice była z innym mężczyzną, nawet jeśli zna go od dawna i jest jej bliski. Potrzebuje czasu i co najwyżej ramienia, na którym mogłaby się oprzeć w tych trudnościach. Ale opieranie się na ramieniu może pozostać niewinne – nie musi przerodzić się w nic poważniejszego... przynajmniej przez jakiś czas. Naprawdę potrzebowałem wyżalić się przed przyjaciółką, a Tara idealnie się do tego nadawała.

– Muszę zacząć od pytania. Naprawdę podoba ci się ta kobieta? – spytała Tara, gdy usiedliśmy przy stoliku. – I nie mówię o szczeniackim „fajna jest". Chodzi mi o to, czy jest między wami coś, co pozwoli na stworzenie prawdziwego związku. Jestem pewna jednego: chcesz mieć kogoś na stałe. Wiem, że nie jest ci lekko, od kiedy straciłeś Lindę, i może nadszedł czas, żeby otworzyć serce, ale nie tak jak dotychczas. Każda kobieta, o której mi opowiadałeś, zdawała się chwilowym zauroczeniem albo sposobem na odciągnięcie uwagi. A ty przecież wcale nie chcesz czegoś takiego. Dlatego pytam jeszcze raz: czy ty i Alice macie potencjał, żeby stać się trwałym, prawdziwym związkiem?

Właśnie to pytanie musiałem usłyszeć. Czułem, jak impulsywna część mnie zaczyna się odprężać, a kontrolę przejmuje ta racjonalna. Łatwo było fantazjować o Alice, gdy była niedostępną mężatką, ale nie miałem pojęcia, czy pasowaliśmy do siebie. Była cudowną, piękną kobietą, a jej dusza zdecydowania współgrała z moją... Ale co z naszymi nawykami? Jak będzie nam ze sobą za rok albo za dziesięć lat, gdy czar nowości pryśnie i nastanie szara rzeczywistość?

A co ważniejsze: *ile razy grałem w tę samą grę z innymi kobietami? Zapominałem o rozsądku i pędziłem za wizją, która nie była rzeczywista?* Tym właśnie była dla mnie Alice: wizją piękna i elegancji, która nie miała szans znieść próby czasu. Potrzebowałem więcej faktów, a Tara pomogła mi to zrozumieć.

– Nie mam pojęcia – odpowiedziałem w końcu. – Znamy się jedynie jako przyjaciele i zawsze był między nami mur. Jak będzie teraz, gdy mur zniknął? Nie mam pojęcia. Ale chyba nie ma nic złego w sprawdzeniu, jaki mamy potencjał.

– Oczywiście, że nie – przyznała Tara. – Nie ma w tym nic złego. Po prostu sądzę, że musisz zachować szeroko otwarte oczy... A ty słyniesz z klapek. A poza tym ona właśnie zakończyła wieloletnie małżeństwo. Wiedziałeś, że muszę o tym wspomnieć. Według mnie to najważniejszy element. Ona może szukać czegoś, co pozwoli jej zapomnieć o problemach, i może właśnie dlatego chce się z tobą spotkać. Byłbyś dla niej jedynie kimś, w kim się zatraci jak w narkotyku, żeby nie czuć tego, co powinna. Nie należy się z niczym spieszyć. Lepiej spędźcie trochę czasu na poznawaniu siebie, ale z dystansem... Zwłaszcza jeśli to ona będzie chciała się do ciebie zbliżyć.

– Chyba prosisz o zbyt wiele – powiedziałem desperacko. – Chcesz, żebym to ja...

– Tak, Jimmy. To ty musisz być tym silniejszym, bo jej może chwilowo brakować siły. Przypomnij sobie, jak się czułeś po śmierci Lindy. Potrafiłeś myśleć trzeźwo? Czy raczej tak bardzo pochłonęła cię żałoba, że straciłeś ostrość widzenia? Alice będzie czuła się podobnie, więc wyświadczysz jej ogromną przysługę, jeśli nakreślisz wyraźną granicę, zwłaszcza jeśli ona nie będzie potrafiła tego zrobić.

– Chyba powinienem przyznać się do czegoś jeszcze – powiedziałem. – Nie ma to związku z Alice, a przynajmniej bezpośredniego. Ale ma związek ze mną.

– Mam się martwić? – spytała Tara i rozsiadła się w fotelu. – Przeczuwam, że powiesz coś, czego wcale nie chcę usłyszeć.

– Nic z tych rzeczy – zapewniłem. – A przynajmniej niezupełnie. Oboje byliśmy blisko Nancy i wiem, że boleśnie odczułaś jej stratę. Ja też.

– Nancy? A co ona ma wspólnego...

– Nic... A przynajmniej nic wspólnego z Alice. Ale ma związek z tym, jak się teraz czuję. Nigdy ci nie powiedziałem, że Nancy i ja byliśmy razem... mieliśmy relację, która mogła... może nawet powinna... stać się czymś więcej. Spotkaliśmy się w Chicago i coś między nami nieoczekiwanie zaiskrzyło. Jakby coś nas do siebie przyciągało. Żadne z nas się tego nie spodziewało ani nie rozumiało.

– Kiedy to było? – spytała Tara, widocznie poruszona tą informacją.

– Jakieś pół roku przed śmiercią Nancy. Zaledwie rok po śmierci Lindy. Nie miałem zamiaru wiązać się z Nancy, ale gdy ją zobaczyłem... nasza więź była taka mocna! Czułem, że nie mam wyboru.

– Czemu nic o tym nie wiedziałam?!

– Chyba specjalnie to ukrywałem. Bardzo się bałem, zwłaszcza gdy dowiedziałem się o raku. Nie chciała słuchać lekarza... Koniecznie chciała leczyć raka holistycznie, a ja byłem przerażony, że znalazłem się w tak ryzykownej sytuacji. Bałem się, że staniemy się sobie naprawdę bliscy, a ona umrze jak Linda. Wiedziałem, że jestem samolubem, ale nie potrafiłem się przełamać.

– Więc nic nie zrobiłeś – odezwała się Tara, a jej głos zdradzał, że ułożyła fragmenty układanki. – Bałeś się utraty kogoś, kogo kochasz, bo już przez to przechodziłeś, a potem miałeś wyrzuty sumienia.

– Nie wiedziałem, co robić – przyznałem. – I *wciąż* czuję się winny. Może gdybym się nie wycofał, uratowałbym jej życie. Może wciąż by z nami była, gdybym...

– Jimmy, dość tego. To był wybór Nancy, nie twój. Nie wiadomo, co by się wydarzyło, ale to nie znaczy, że ponosisz odpowiedzialność za jej śmierć. Bardziej martwi mnie coś innego, co wygląda na wspólny mianownik... Chyba dotąd o tym nie myślałeś.

– Co sugerujesz?

– Ile razy wycofywałeś się ze strachu? – spytała. – W młodości odszedłeś od Lindy, bo się bałeś. Odszedłeś od wielu innych kobiet z tego samego powodu. Myślę, że twoje emocje były autentyczne, zwłaszcza jeśli weźmie się pod uwagę wszystko to, co przeszedłeś rok wcześniej. Ale tu nie chodzi o Nancy, Lindę czy pozostałe kobiety. Chodzi o ciebie: o twój strach przed zaangażowaniem się w miłość, która mogłaby uwolnić cię od tych lęków.

Zamilkła na chwilę i pozwoliła wybrzmieć swoim słowom.

Oczywiście Tara miała rację. Uciekałem przed wieloma rzeczami, a zwłaszcza przed kobietami, które mogły mi pomóc w zwalczeniu strachu dominującego w moim życiu. Było tak wiele tych kobiet. Ich twarze pojawiały się w mojej pamięci z zakamarków świadomości jak duchy. Odepchnąłem wszystkie te kobiety od siebie, ponieważ bałem się otworzyć przed nimi serce i zaryzykować, że mnie zranią, rozczarują albo całkowicie zniszczą.

– A teraz w twoim życiu pojawia się Alice – ciągnęła Tara – i jakaś część ciebie chce popędzić do niej i ją zdobyć, tak jak poprzednie kobiety, zanim znowu poczujesz strach i uciekniesz. Jest coś, co musi się wydarzyć najpierw. Musisz coś pokochać, zanim pozwolisz zbliżyć się do siebie jakiejkolwiek kobiecie.

– Co to takiego? – spytałem zmieszany.

– *Ty sam.* Musisz w końcu pokochać siebie: jedyną osobę, przed którą uciekasz całe życie. Nieważne, kto ci się trafia: Linda, Nancy czy inna kobieta. Nie zbliżysz się do żadnej z nich, jeśli nie zbliżysz się do siebie. Rozumiesz, o czym mówię?

Rozumiałem doskonale. W kilka sekund Tara zdołała zdiagnozować mój największy problem, który powstrzymywał mnie przed pokochaniem innej osoby. Nie byłem w stanie nikogo kochać, bo sam siebie nie kochałem. Dlaczego z Alice miałoby być inaczej? Pewnie znowu powielę wzór, który stosuję od lat, bo nie potrafię zakochać się w człowieku, który jest mi najbliższy – w *sobie*.

– Masz rację, to brzmi logicznie – odrzekłem. – Szczerze mówiąc, wszystko, co powiedziałaś, napędziło mi sporego stracha. A to znaczy, że mówiłaś prawdę.

– Czas poczuć strach... poczuć go i objąć ramionami. Musisz doświadczyć lęków, przed którymi tak długo się ukrywałeś, i tym razem nie uciec. To jedyny sposób, żebyś sobie z nimi poradził.

Zrobiło mi się gorąco, a na twarz wystąpił pot.

– Ale jak to zrobić? – spytałem.

– Nie musisz tego robić – powiedziała Tara. – Po prostu pozwól, żeby strach do ciebie przyszedł. Nie rób nic – powitaj go. Zobacz w nim wystraszone dziecko. Dziecko niczego nie potrzebuje, wystarczy je przytulić i pokochać... A wtedy strach sam zniknie. Jesteś na to gotowy?

Nie wiedziałem, co powiedzieć. Wiedziałem tylko, że ma rację. Wziąłem głęboki oddech i zamknąłem oczy z nadzieją, że w końcu jestem gotowy.

Siedziałem przy oknie, gdy na podjazd wjechał czerwony mini cooper. Wstałem, wygładziłem koszulę i podszedłem do drzwi. Pierwszą rzeczą, jaką zauważyłem u Alice, był kolor włosów: wróciła do naturalnego brązu. Spodobała mi się ta przemiana. Zawsze znałem ją jako blondynkę, ale ta zmiana pasowała do niej. Domyślałem się, że to świeża zmiana, manifestacja nowego życia. Wyszedłem na zewnątrz i stanąłem na ganku, gdy Alice wyłączyła silnik i otworzyła drzwi.

– Zmieniłaś kolor włosów – powiedziałem. – Ładnie ci.

– Dwa lata temu – wyjaśniła Alice, co zniszczyło moją hipotezę. – Miałam dość bycia blondynką.

Weszła na ganek, a ja objąłem ją ramionami. Cudownie było ją czuć przy sobie i od razu przypomniałem sobie, dlaczego tak bardzo mnie pociągała w przeszłości. Jej szczupłe ciało pasowało idealnie do mojego, a zapach jej miękkich włosów doprowadzał mnie do szaleństwa. Odsunęła się i spojrzała na mnie. Wiedziałem, że utonę w jej oczach, jeśli szybko nie wejdziemy do domu. Nagle zacząłem żałować, że nie ma przy mnie Tary, która przypomniałaby mi, o czym mówiliśmy. Jej rady znikały z mojej pamięci z nieprawdopodobną prędkością.

– Pięknie wyglądasz – odezwałem się w końcu. – Wejdź do środka. Strasznie dziś zimno i mokro.

Weszliśmy do domu i zdjęliśmy buty. Była to tak zwyczajna chwila, całkowicie pozbawiona wyczekiwania i nerwów, które mną targały. Było normalnie... my byliśmy normalni. Ta sytuacja nie miała w sobie nic niesamowitego... Do chwili, gdy na mnie znów spojrzała i się uśmiechnęła. Moja samokontrola zniknęła w okamgnieniu. Poczułem, jak moje serce podrywa się do galopu, jakby popędzała je niewidzialna siła. Wskazałem Alice drogę do salonu, a idąc za nią, wzniosłem oczy w akcie desperacji.

– Nie mogę uwierzyć, że tak długo się nie widzieliśmy – odezwałem się. – Teraz mam wrażenie, że minęło kilka tygodni, może miesięcy... ale nie lat!

Weszliśmy do salonu, a ja zachęciłem ją, żeby usiadła na brązowej skórzanej kanapie.

– Wiem, co masz na myśli – przyznała Alice. – To możliwe w przypadku ludzi, którzy utrzymują silną duchową więź. Mogą minąć lata, a oni i tak czują, że zawsze są razem. Chyba dlatego wczoraj do ciebie zadzwoniłam. Wiedziałam, że będę przejeżdżała przez Ashland i że powinniśmy się spotkać. To, że tak długo się nie widzieliśmy, nawet nie przyszło mi na myśl. Po prostu chciałam tego spotkania... I jestem.

– I jesteś – powtórzyłem, bo nie wiedziałem, co powiedzieć. – Dlaczego sądziłaś, że powinniśmy się spotkać? – odezwałem się pochopnie. Gdybym wiedział, co powiem, ugryzłbym się w język. Te słowa były zbyt oczywiste, żeby wypowiadać je na głos. Zdziwiłem się, gdy się nie wzdrygnęła. Odpowiedziała pytaniem na pytanie.

– Sądzisz, że to dziwne, że chciałam się z tobą spotkać zaraz po rozstaniu z mężem? – spytała Alice. – Spodziewałam się tego, ale stwierdziłam, że warto zaryzykować. Bałam się, że pomyślisz, że jestem tutaj z powodu naszych rozmów sprzed lat o tym, co by było, gdybym nie była mężatką. Tak łatwo się o tym rozmawiało, gdy wiedzieliśmy, że to niemożliwe. To była gra, fantazja, której nie mogliśmy urzeczywistnić. Przyznaję... martwiłam się, czy nie pomyślisz, że przyjeżdżam po to, żeby sprawdzić, czy teraz gdy jestem wolna, mamy szansę. Ale ty nie jesteś jednym z facetów, którym nie przeszkadzałoby bycie z kimś, kto dopiero co przeżył coś tak dramatycznego. Wielu mężczyzn spróbowałoby wykorzystać sytuację, ale ty nie jesteś taki.

Słuchałem jej słów ze wstrzymanym oddechem. Tak sprytnie rozegrała tę sytuację, że jedyne, co mogłem zrobić, to zgodzić się z jej słowami.

– Doceniam to – powiedziałem. – Masz rację. Nie jestem jednym z nich, więc oboje możemy czuć się swobodnie.

– A to oznacza, że możemy wrócić do tego, na czym skończyliśmy podczas ostatniego spotkania. Pamiętasz?

Zamyśliłem się z nadzieją, że coś mi się przypomni. Ostatnią rzeczą, jakiej chciałem to skleroza przy tak ważnym pytaniu. Coś się wydarzyło albo padły jakieś słowa, które musiałem sobie przypomnieć, ale za żadne skarby nie potrafiłem. Pamiętam, że przejeżdżała przez Ashland z przyjaciółmi i wybraliśmy się na spacer do Lithia Park. To było zaraz po jej pierwszej wyprawie do Peru i opowiadała mi o pracy z amazońskimi szamanami. Była to fascynująca opowieść, ale nie pamiętałem żadnego pytania lub obietnicy, którą mogłem złożyć.

– Coś związanego z Peru – strzeliłem w ciemno. – Rozmawialiśmy o wspólnej podróży?

– Naprawdę? Nie pamiętam tego.

– Oczywiście, że tak – brnąłem dalej z nadzieją, że uda mi się wyjść cało z tej rozmowy. – Opowiedziałaś mi o szamanach, z którymi pracowałaś, i o tym, jak odmienili twoje życie. Rozmawialiśmy o wybraniu się tam, o tym, że mnie im przedstawisz.

– No tak – powiedziała bez przekonania. – Ale nie o to mi chodziło. Mówiłam o pomyśle wspólnej pracy nad książką. Powiedziałeś, że chcesz, aby ktoś cię zainspirował i że powinniśmy znaleźć coś, co interesuje nas oboje. A potem napiszemy o tym książkę. Nie pamiętasz?

– Oczywiście, że tak... – odparłem z wahaniem. – No dobrze, wcale tego nie pamiętam. Ale to bez znaczenia. Brzmi ciekawie. Mam tylko nadzieję, że nie powiedziałem tego, żeby cię uwieść.

– Daj spokój, to nie w twoim stylu. Ale ja nie żartuję. Chciałabym zająć się czymś kreatywnym. Oderwałabym się od swoich spraw. Tak bardzo skupiałam się na sprzedawaniu majątku, spotkaniach z prawnikami... Teraz potrzebuję od tego odpocząć. Dlatego przyjechałam. Żeby sprawdzić, co możemy zrobić.

Alice całkowicie mnie zaskoczyła. Jeżeli rzeczywiście odbyliśmy kiedyś tę rozmowę – a nie miałem powodu sądzić, że kłamie – na pewno kierował mną własny interes. Nie powinienem był wtedy tego mówić, ale teraz nie mogłem się wycofać. Nie miałem innego wyjścia, niż zobaczyć, jak się sprawy potoczą.

– Szczerze mówiąc, coś mi się przydarzyło w Toronto – przyznałem. – Byłem tam niedawno i spotkałem niezwykłego francuskiego kucharza, Rogera. Jest słynny w Kanadzie, a jednocześnie to ktoś więcej niż kulinarny snob. Bardziej przypomina guru. Gdy siedzisz u niego w kuchni, możesz liczyć na dwie rzeczy: nauczy cię gotować i opowie o Bogu i duchowości. Wylądowałem tam przez przypadek, ale właśnie tego potrzebowałem. Wracam tam za tydzień, żeby dowiedzieć się więcej.

– Brzmi ciekawie. To ty umiesz gotować?

– Nie mam o tym zielonego pojęcia! Zwłaszcza o gotowaniu francuskich dań. Trochę się nauczyłem od Rogera, ale przeważnie były to inne rzeczy. Nie wiem, czy potrafię to wytłumaczyć, ale on niesamowicie trafnie porównuje jedzenie do życia. Dla Rogera jedzenie jest najbardziej uduchowioną rzeczą na świecie. Za tydzień będzie prowadził zajęcia kulinarne w pensjonacie, który należy do niego i jego żony Kathleen. Może pojedziesz ze mną? Taka spontaniczna przygoda dobrze nam zrobi.

– Mam jechać do Toronto i nauczyć się gotować francuskie dania? – spytała głosem, który nie zdradzał jej nastawienia. – Żartujesz? Z dziką chęcią! Właśnie o tym mówiłam! Czymś kompletnie niesztampowym... czymś, czego żadne z nas nigdy nie robiło.

– Ale ja już tam *byłem* – przypomniałem – choć w dziwnych okolicznościach. Pojechałem tam z kobietą, z którą się widywałem, ale porzuciła mnie na odludziu.

– Przecież mówiłeś, że byłeś w Toronto. Jak można być na odludziu w Toronto?

– Nie w Toronto, tylko w pobliżu. Mniej więcej godzinę drogi od miasta. To prawdziwe pustkowie. Tamto miasteczko jest jednym z najbardziej czarujących miejsc, jakie w życiu widziałem.

– Jak tam jest? – spytała Alice z uśmiechem.

– Będziesz musiała sama sprawdzić. Wiesz co, to doskonały pomysł! Czekałem na ten wyjazd, ale teraz *naprawdę* nie mogę się go doczekać. Mogę tylko sobie wyobrazić, co nas tam spotka...

ROZDZIAŁ 9

Alicja w Krainie Czarów

Tydzień później Roger i Kathleen odebrali nas z lotniska w Toronto. Choć od pierwszego spotkania nie minęły dwa miesiące, czułem się, jakbym wracał do bliskich przyjaciół, a nie ludzi, których niedawno poznałem.

Alice była podekscytowana szansą na chwilowe zapomnienie o napięciach związanych ze zmianami w jej życiu oraz możliwością nauki o duchowej stronie jedzenia. Próbowałem jej wyjaśnić, czego może się spodziewać, ale nie potrafiłem znaleźć odpowiednich słów. A w skrytości ducha miałem nadzieję, że nie powtórzę swoich ostatnich doświadczeń z Michele w Drew House. Nie chciałem zepsuć naszej szansy ani zniszczyć wizerunku dżentelmena, który Alice sobie stworzyła. Z trudem udawało mi się mu sprostać, ale zaczynałem się cieszyć, że postrzega mnie w ten sposób.

– Przyjechaliście w porę – powiedziała Kathleen, gdy wjeżdżaliśmy na autostradę. – Elora jest wspaniała w okresie świątecznym. Niemal co wieczór odbywają się imprezy, a zespół Festiwalowych Śpiewaków z Elory wykona *Mesjasza* Händla. Nie możecie tego przegapić. Byli nominowani do Grammy.

– Kochanie, skąd mieliby o tym wiedzieć? – wtrącił Roger. – To takie maleńkie miasteczko...

– Ze wspaniałym chórem – dodała. – Poza tym napadało mnóstwo śniegu, więc będzie tu prawdziwie zimowa kraina, a nie to, co ostatnio, kiedy nas odwiedziłeś, James.

– Kiedy byłem tu ostatnio, było naprawdę pięknie – zauważyłem.

– Tu zawsze jest pięknie – powiedział Roger z uśmiechem. – Nawet jeśli nie jest. Bez względu na pozory – jest pięknie... nawet gdy jest szaroburo, niemal jak...

– Roger, oni dopiero co wylądowali. Nie musisz tak szybko zaczynać.

– Co masz na myśli? Co zaczynać? Przecież ja zawsze tak rozmawiam z ludźmi.

– Tak, wiem. Możesz mi wierzyć, wiem o tym doskonale. Po prostu myślałam, że przyda im się nieco odpoczynku.

– Ależ skąd – odezwała się Alice. – James opowiadał mi o państwu i bardzo się cieszę, że możemy się poznać.

– Zatem niech się pani przygotuje, bo Roger dopiero się rozkręca – powiedziała dobitnie Kathleen. – Za dwa dni odbędą się nasze grudniowe warsztaty kulinarne. Roger je prowadzi, więc na pewno zostawią niezatarte wrażenie. Ludzie zjeżdżają się na nie zewsząd.

– Wcale nie z tak daleka – skromnie wyjaśnił Roger. – Głównie przyjeżdżają z okolicy Guelph i Elory. Może kilka osób z dalszych stron...

– Czego będzie pan uczył? – spytała Alice, widocznie zainteresowana rozmową.

– Bisque z homara – odpowiedział Roger. – Będzie jeszcze kilka innych dań, ale to jest najlepsze. Pani gotuje?

– Lubię gotować – odparła – ale nie znam się na francuskiej kuchni. Gdy James opowiedział mi o tych warsztatach, wiedziałam, że to coś dla mnie.

– Jak mówiłam – odezwała się Kathleen – nie mogliście wybrać lepszej pory na przyjazd.

Wkrótce dotarliśmy do Drew House. Po wniesieniu bagaży usiedliśmy z Rogerem w jadalni i częstowaliśmy się serem i winem.

– Mam nadzieję, że lubisz wino – powiedziałem do Alice, gdy schodziliśmy po schodach. – Tutaj będziesz je często piła, zwłaszcza kanadyjskie.

– Kanadyjskie wino? Nie wiedziałam, że Kanada produkuje wino...

– Nie przyznawaj się – poradziłem. – Kanadyjczycy są przeczuleni na tym punkcie.

Roger czekał na nas z talerzem sera i otwartą butelką wina.

– Nie wiem, ile James opowiedział pani o tym miejscu i o swojej ostatniej wizycie...

Gdy wypowiadał ostatnie słowa, spojrzał na mnie, jakby chciał wyczuć, ile może powiedzieć.

– Nie wdawał się w szczegóły – odpowiedziała Alice. – Mówił tylko, że jedzenie jest dla pana duchowym doświadczeniem. I ja się z tym w zupełności zgadzam. To jeden z powodów, dla których chciałam tu przyjechać.

– Jedzenie jest dla mnie nie tylko duchowe – przyznał Roger. – Jest święte. Dla mnie wszystko jest święte, zwłaszcza jeśli pochodzi z ziemi. Tak mnie wychowano w Kraju Basków. Gdy żyje się blisko natury, rozumie się, że ona jest najlepszą nauczycielką. Wszystko, czego potrzebujemy, mamy tuż przed nosem... trzeba tylko umieć to dostrzec.

Usiedliśmy przy stole, a Roger nalał nam po kieliszku wina.

– Musiał pan wieść tam bardzo dobre życie – powiedziała Alice.

– To ciekawa uwaga – odrzekł. – Czym jest „dobre życie"? Dla wielu oznacza dom z pięcioma łazienkami. Ale komu to potrzebne? Jeśli tak ma wyglądać dobre życie, to ja go nie chcę. Gdy byłem młodym chłopakiem i mieszkałem w domu babci we Francji, napełnialiśmy wiadro wodą ze źródła, grzaliśmy ją, a potem myliśmy w niej stopy. Najpierw kobiety, potem mężczyźni. Gdy przychodziła moja kolej, woda była już bardzo brudna, ale nikomu to nie przeszkadzało. Raz w tygodniu kąpałem się w wodzie, w której wcześniej wykąpały się trzy inne osoby. Większość ludzi po wysłuchaniu dziś tej historii powiedziałaby, że to *przeciwieństwo* dobrego życia. Ale nie ja! To był jeden z piękniejszych okresów mojego życia.

– Proste życie – ciągnął Roger – jest dużo bogatsze niż posiadanie wszystkiego, o czym moglibyśmy zamarzyć. Gdy masz wszystko, nie doceniasz tego. Ale gdy masz niewiele, doceniasz wszystko. Wdzięczność to lwia część prawdziwie dobrego życia.

– Pamiętam swoją babcię – odezwałem się z uśmiechem. – To, co mówisz, przypomina mi jej styl życia. Jako dziecko musiałem chodzić po wodę do pompy, a za potrzebą biegało się do wychodka. Uwielbiałem jej stary dom i nawet zastanawiałem się nad kupieniem go po jej śmierci.

– Moi rodzice i twoi dziadkowie musieli być bardzo oszczędni, bo przeżyli wojnę światową – ciągnął Roger. – Jedzenie było bezcenne, więc nigdy nie zostawiali resztek na talerzu. Pierwsza wojna światowa była głupią wojną, a druga była jeszcze gorsza...

Ale nauczyła ludzi, jak sobie radzić. Po drugiej wojnie światowej wdrożono plan Marshalla, który doprowadził do odbudowy Niemiec i Japonii. To był ewenement. Nie pozwoliliśmy Niemcom i Japonii po prostu się rozsypać; podnieśliśmy je z kolan. Gdyby od razu po pierwszej wojnie tak postąpiono z Niemcami, drugiej wojny w ogóle by nie było. Trochę to trwało, ale po jakichś dziesięciu latach Niemcy i Japonia stały się bardzo zamożne. Udało im się całkowicie zmienić i teraz są jednymi z najlepiej rozwijających się państw świata.

– Jak to osiągnąć? – spytała Alice. – To znaczy jak dojść do etapu, o którym pan mówi?

– Można do niego dojść, ale trzeba zmienić się od podstaw. Nie wierzę w przepowiednie końca świata, choć nigdy nie wiadomo. Ale jestem pewien, że gdyby coś takiego się wydarzyło – jakaś ogromna zmiana, która wpłynęłaby na całe społeczeństwo – zmusiłoby nas to do ponownego zdefiniowana, czym jest dobre życie. Wszystko się zmienia. Ziemia zmienia się nieustannie! To, co ma się wydarzyć, wydarzy się, ale to nie koniec. To może zabrzmieć jak sprzeczność, ale chcę zrobić co w mojej mocy, żeby wywołać zmiany. A jednocześnie wiem, jakie to ważne, by być wdzięcznym za to, co jest.

– Nawet jeśli nie wszystko w danej chwili jest idealne? – spytałem.

– Tak jest. Właśnie o tym mówiłem w samochodzie. I tak jest idealnie, nawet gdy nie jest. Wszystko dookoła popycha nas w stronę równowagi, zarówno osobistej, jak i zbiorowej. I właśnie tutaj zaczyna się rola jedzenia. Gdy jemy zdrowe jedzenie, które nam służy, pomagamy sobie w utrzymaniu równowagi. A gdy jemy bezwartościowe jedzenie, zmierzamy ku katastrofie. Dla mnie wszystko sprowadza się do tego, jak myślimy i jakie jedzenie wkładamy do ust. Myśl prosto, a odpowiedzi będą proste. A przynajmniej ja tak sądzę.

Mówiąc te słowa, Roger spojrzał na mnie, jakby chciał powiedzieć: „Mam nadzieję, że tym razem będziesz pamiętał o prostocie". Chciałem go zapewnić, że tym razem nie znajdzie mnie o poranku na podjeździe. Moja więź z Alice się zacieśniała.

– Ja też w to wierzę – odezwała się Alice i pociągnęła łyk wina. – A tak przy okazji, ten ser jest wyśmienity!

– Widzi pani, tu w Ontario produkcja sera jest nielegalna, choć jego sprzedaż nie – powiedział Roger i odkroił kawałek sera. – Co zabawne, w Quebecu można produkować ser, więc zamawiamy go stamtąd. Dlaczego urzędnicy chcą pozbawić ser życia tylko dlatego, że boją się kilku bakterii? Dla mnie to bez sensu. Przecież pasteryzacja załatwia sprawę. Próbowali tego samego z winem, ale było tak ohydne w smaku, że nikt nie chciał go pić.

– A jak można to odnieść do świata duchowego? – spytałem.

– Pozwól, że się zastanowię... – odparł Roger i sięgnął po kolejny kawałek sera. – Pozwalamy rozpraszać się przez wszystko, co nas otacza, a to okrada nas z naszej żywotności. Tak działa na nas strach. Sądzimy, że chronimy siebie, ale w rzeczywistości utrudniamy sobie życie. A gdy chodzi o jedzenie, za bardzo przyzwyczailiśmy się do składników pozbawionych witalności, a nawet kradnących nasze siły życiowe. Nie dbamy o jedzenie, które jest żywe; wolimy jeść szybko i tanio. Ale gdybyśmy znali konsekwencje tego postępowania dla naszych ciał, szybko zmienilibyśmy zdanie. Ja nie chcę jeść szybko i tanio. Wolę zjeść powoli i trochę dopłacić za najlepsze składniki. Może jestem szalony, ale tego mnie nauczono w dzieciństwie. I tego nauczycie się podczas pobytu w moim pensjonacie: powolnego i zdrowego podejścia. Trzymajcie się mnie, a reszta sama się poukłada.

– Nie mam nic przeciwko powolności – odezwała się Alice i spojrzała na mnie. – W mojej sytuacji możliwość zwolnienia jest błogosławieństwem. Ostatnio tyle się u mnie działo, że naprawdę potrzebowałam tego wyjazdu.

– Alice jest w trakcie rozwodu – wyjaśniłem Rogerowi i natychmiast zerknąłem na Alice. – O rany, mam nadzieję, że nie masz mi tego za złe!

– Oczywiście, że nie. To żadna tajemnica. Wszystko, o czym pan mówił, doskonale pasuje do mojej sytuacji. W moim małżeństwie było mnóstwo lęku, który pozbawił je witalności. Wszystko wymknęło się spod kontroli i zanim się zorientowałam, leciałam na oślep, na złamanie karku. Czasem najlepiej zatrzymać się w bezruchu, i właśnie na to mam nadzieję tutaj.

– Bezruch i brak pośpiechu to ważne lekcje duchowości – powiedział Roger. – Oraz najlepszy sposób gotowania...

Nazajutrz rano spytałem Alice, czy chce wybrać się na krótki spacer przed śniadaniem. Słońce świeciło, a przez noc napadało trochę świeżego śniegu, więc miasteczko wyglądało jeszcze urokliwiej. Rześkie powietrze otrzeźwiło mnie i bardziej niż kiedykolwiek wcześniej czułem, że żyję. Stanąłem na rozstaju dróg, ale nie zdawałem sobie z tego sprawy, póki Michele nie wsiadła do auta i nie zostawiła mnie zagubionego i przestraszonego na cudzym podjeździe.

Teraz była przy mnie Alice i gdy tak szliśmy chodnikiem, nie doznawałem dawnej plątaniny emocji i niepewności. To była największa różnica: żadne z nas nie czuło, że musi być gdzie indziej niż tu i teraz. Nie potrzebowałem kontrolować spędzanego razem czasu. Wręcz przeciwnie: z radością żyłem chwilą. Byłem szczęśliwy, bo miałem przy sobie Alice, i to mi wystarczało.

– Miałeś rację, opowiadając o tym miejscu – powiedziała w czasie spaceru. – Jest piękne, zwłaszcza w taki śnieżny, słoneczny dzień. Mam wrażenie, że jestem gdzieś w Europie...

– Też się tak poczułem, jak trafiłem tutaj po raz pierwszy – potwierdziłem. – Nigdy wcześniej nie słyszałem o Elorze. Dopiero Michele mnie tu przywiozła. Pewnie to popularna kryjówka dla mieszkańców Toronto, ale raczej latem, a nie teraz.

– To idealna kryjówka dla nas – powiedziała i sięgnęła po moją dłoń. – Wiesz co, chciałam ci podziękować za twoją cierpliwość przez ostatni tydzień. Wszystko wywróciło mi się do góry nogami, a ty faktycznie szanujesz moją sytuację. Dzięki temu mogę ci zaufać, a teraz naprawdę tego potrzebuję.

Niemal zszokował mnie dotyk jej dłoni. Chciałem tego i miałem na to nadzieję, ale coś mnie powstrzymywało przed zrobieniem tego kroku. Pomyślałem, że staję się kimś innym, a wszystko to zaczęło się od siedzenia na taborecie w kuchni Rogera i słuchania instrukcji przyrządzania idealnej kawy. Chciałem, żeby ten proces postępował, a obecność Alice była dla mnie najlepszym podarunkiem.

– Cieszę się, że tak uważasz.

Delikatnie uniosłem jej dłonie i pocałowałem.

– Muszę się do czegoś przyznać. Początkowo nie byłem pewny, czy uda mi się utrzymać ręce przy sobie. To mój stary wzorzec zachowania: potrzeba zdobycia tego, na co mam ochotę – bez względu na okoliczności. Michele powiedziała mi, że przy pierwszym spotkaniu przytłoczyłem ją tym, ile uwagi jej poświęcałem. Wyciągnąłem wszystkie asy z rękawa, żeby się we mnie zakochała. Robiłem tak już dziesiątki razy. To nieświadome; zachowywałem się tak zawsze, gdy spotkałem kobietę, która mi się podobała.

– Co się zmieniło?

– Teraz jestem na luzie... my jesteśmy na luzie. Nie usiłuję cię do niczego popchnąć ani zmusić. Chyba bardziej troszczę się o ciebie niż o siebie i na tym polega różnica.

– Co za piękny dar... dla nas obojga – powiedziała cicho. – Wiesz, że to w równej mierze dar dla ciebie, jak i dla mnie?

– Tak, to niesamowite. Tamte emocje były jak narkotyk, a mnie wydawało się, że ich potrzebuję. Teraz widzę, że tak nie jest. Dużo lepiej czuję się bez nich: jestem na luzie i czekam na to, co się jeszcze stanie.

– Zdajesz sobie sprawę, że jeśli coś się między nami wydarzy, będzie to zasługa tej zmiany? Nie wiem, co z nami będzie, ale na pewno coś się zrodzi z zaufania i świadomości starych wzorców, które trzymały nas w miejscu. Mam wrażenie, że właśnie nad tym pracowałeś, i chyba Roger odegrał w tym dużą rolę.

– Kluczową – potwierdziłem. – Szczerze mówiąc, cieszę się, że mogłem się nim z tobą podzielić. Jest ciekawym człowiekiem, prawda?

– To mało powiedziane. Jest *prawdziwy*, a obecnie to nie jest często spotykana cecha. Może właśnie to się z tobą dzieje. W pewnym sensie stajesz się bardziej prawdziwy. A przynajmniej ja to tak odczuwam.

– Mam nadzieję, że masz rację – odpowiedziałem z uśmiechem. – *Naprawdę* mam taką nadzieję.

Zacząłem się zastanawiać, czy szczerze wierzyłem w to, co powiedziałem Alice. Gdy wracaliśmy na śniadanie, miałem dziwne wrażenie, że wracam do starych przyzwyczajeń, a moje dżentelmeńskie zachowanie było tylko subtelnym podstępem – sztuczką, której Alice nie dostrzeże, aż będzie za późno. Sam dotychczas nie potrafiłem jej zauważyć, a przynajmniej świadomie. Czy naprawdę chciałem być wrażliwym, wnikliwym człowiekiem, za którego mnie miała? A może oszukiwałem samego siebie i ukrywałem prawdziwy motyw: zagrać szarmanckiego faceta tylko po to, żeby uderzyć z innej strony? Czyżbym był aż tak kreatywny i podły? Miałem nadzieję, że nie.

– *Bonjour* – powiedział Roger z uśmiechem, gdy wchodziliśmy do jadalni. Trzy inne pary jadły śniadanie, a Roger niósł świeży dzbanek kawy, żeby zastąpić nim pusty.

– Usiądźcie, gdzie chcecie, a ja przyniosę wam sałatkę owocową. Kawy czy herbaty?

– Dla mnie kawa – powiedziałem.

– Dla mnie też – poprosiła Alice.

– Dobrze. A jak przyrządzić wam jajka? James, wiem, że lubisz sadzone. A pani?

– Ja poproszę jajecznicę.

– Wspaniale. Rozluźnijcie się. Porozmawiamy, jak wszyscy się najedzą.

Po dwudziestu minutach pozostali gości wyszli z jadalni, a Roger dosiadł się do naszego stolika ze świeżą filiżanką kawy.

– Mam do pana pytanie – powiedziała Alice. – Wczoraj wieczorem mówił pan, że coś może być idealne, nawet gdy takie nie jest. To fascynująca myśl... Nigdy o czymś takim nie słyszałam. Może pan to wyjaśnić?

– Według mnie na ideał można spojrzeć dwojako – odparł Roger. – Z perspektywy ludzkiej i z perspektywy boskiej. Dla nas, ludzi, rzecz nie jest idealna, póki nie pozbędziemy się wszystkich jej wad. Weźmy tancerkę: ktoś określił, jak powinno wyglądać jej ciało oraz jak powinna się poruszać. Ideał ten wydaje się pozbawiony wad. Ale problem w tym, że aby mu dorównać, tancerka musi się torturować i robić rzeczy, które nie są zdrowe dla jej ciała. Ostatecznie najbardziej „idealna" tancerka to ta, która jest najmniej zdrowa, zwłaszcza pod względem psychicznym. Ale z drugiej strony jest jeszcze boskie postrzeganie ideału. Wiem, że w wielu religiach istnieje przekonanie, że aby być idealnym, należy wystrzegać się błędów czy grzechów. Nie wierzę w to, bo to niewykonalne. Może tak zapatruje się Kościół, ale nie Bóg. Ileż historii w Biblii mówi o tym, jak Jezus kochał grzeszników i okazywał współczucie tym, których nikt inny nie chciał? Potrafił spojrzeć *poza* ludzkie zachowanie i dostrzec coś niewidocznego dla oka. Jezus – ciągnął Roger – zaglądał w ludzkie dusze, które nie są skażone przez błędy popełniane w ciągu życiu. A najwspanialsze było to, że przez skupianie się na duszach Jezus dawał ludziom najwspanialszy możliwy dar... Umacniał prawdę, która w nich drzemała.

Roger bardzo angażował się w swoje nauki: wyczuwałem, że jego energia wzrasta z każdym słowem tego eleganckiego wywodu. Nagle poczułem, jak bardzo za nim tęskniłem, zwłaszcza za chwilami, gdy dawał się ponieść duchowym rozmyślaniom. Roger nabierał rozpędu, a ja z przyjemnością słuchałem jego przemowy.

– Rozumie pani, co mam na myśli? – spytał. – Jezus patrzy nie na nasze ludzkie słabości, ale na to, co leży głębiej, co wykracza nawet poza grzech jako taki. Jeśli mamy tego świadomość, możemy żyć w całkiem nowy sposób. A gdy pozwolimy sobie na indywidualny rozwój, w efekcie społeczeństwo także się rozwinie, a wszystko dzięki temu, że zamiast dostrzegać niedoskonałości, zaczniemy dostrzegać otaczającą nas doskonałość. To niezmiernie proste, ale właśnie takie proste lekcje mają moc zmieniania świata.

– Czyli według pana nasze dusze i osobowości są całkowicie oddzielne, tak? – spytała Alice.

– Nie powiedziałbym, że są oddzielne, ale na pewno niezależne. Można powiedzieć, że osobowość potrzebuje duszy, ale dusza nie zawsze potrzebuje osobowości. Ta część nas jest połączona z Bogiem i nie dała się nabrać na oddzielenie. Nam się tylko *wydaje*, że jesteśmy oddzieleni od innych osób czy nawet od Boga. Ale nasze dusze wiedzą, że to nieprawda. Problem w tym, że my, ludzie, nauczyliśmy się słuchać osobowości, a nie duszy, bo głos duszy jest dużo cichszy. Dusza nie musi krzyczeć, żeby wyrazić swoje zdanie. Osobowość wie, że jej pozycja jest niepewna, więc robi dużo hałasu i próbuje nas odciągnąć od prawdziwego celu. Na szczęście – kontynuował – Bóg nie daje się tak łatwo oszukać. Nasza dusza jest dla Niego najważniejsza, więc gdy skupimy na niej swoją uwagę, nasza osobowość musi nas posłuchać. Poza tym dusza ma nieskończenie dużo czasu. Nie obowiązują jej te same prawa co nasze ego. Innymi słowy, nasza dusza wciąż szuka możliwości ewolucji i sposobów pamiętania o tym, że życie jest idealne.

– Te słowa zostałyby uznane za bluźnierstwo jeszcze kilka wieków temu – zauważyłem. – Nawet teraz wiele osób mogłoby się obruszyć. Wierzą, że gdy popełniasz grzech, zostawia on na duszy znamię, a gdy zbierzesz odpowiednio dużo tych „znaków", to wpadasz w tarapaty. Brzmi to jak powrót do szkoły: jedynki pisane czerwonym atramentem i tym podobne.

– Tak, wiem – potwierdził Roger. – I wtedy ten „kochający" Bóg wrzuca nas do ognistej otchłani, gdzie smażymy się po wieki wieków. Zgodnie z tą filozofią nie ma ucieczki ani za życia, ani w wieczności. Jeśli popełnimy na ziemi kilka błędów, będziemy cierpieć niebywałe, niekończące się katusze. Czy to wam wygląda na kochającego Boga? Dla mnie to jakaś mściwa, bezlitosna istota. Ale taki wizerunek Boga większości z nas wpajano w dzieciństwie, więc naprawdę trudno uwolnić się od takiego myślenia. Towarzyszy nam przekonanie, że kwestionując kościelne nauki, grzeszymy. To myślenie doprowadziło nas do szaleństwa.

– Znam wielu inteligentnych ludzi – powiedziałem – którzy boją się podać w wątpliwość przekonania wpojone w dzieciństwie. Są poważanymi lekarzami i prawnikami, naprawdę bystrymi ludźmi, ale nie potrafią wznieść się ponad szkolne rozumienie duchowości. Godzą się na całkowicie nielogiczne twierdzenia, bo w dzieciństwie powiedziano im, że pójdą do piekła, jak będą zadawali za dużo pytań.

– Wystarczy spojrzeć na zachowanie Kościoła katolickiego w średniowieczu – dodała Alice. – Gdy naukowiec, na przykład Galileusz, odkrył coś, co sprzeciwiało się nauce Kościoła, zostawał aresztowany albo zabity. Biskupi i papieże wierzyli, że przyznanie się nawet do najmniejszego błędu zagrozi całemu systemowi.

– Tak sądzili – zauważył Roger – i wciąż tak sądzą. Wyobraźcie sobie: Kościół twierdzi, że jego władza pochodzi z nieba, ale niechby zmienił zdanie w jakiejś bardzo ważnej kwestii. To od razu podkopałoby jego autorytet, a przecież Kościół w przeszłości był poważną siłą polityczną. Taki krok wywołałby efekt domina, początek końca Kościoła.

– Ale właśnie to się teraz dzieje – powiedziałem, bo nagle poczułem potrzebę obrony czegoś, z czym zmagałem się wewnętrznie. – Nie mam zamiaru przychodzić w sukurs Kościołowi katolickiemu, ale w ostatnich dekadach usłyszeliśmy sporo przeprosin. Papież Jan Paweł II powiedział publicznie, że Kościół mylił się w wielu sprawach, w tym w kwestii odkrycia Galileusza. Nie sądzę, że nowy papież też byłby do tego zdolny, ale przynajmniej jeden z nich się odważył.

– Ale ja nie staram się potępić Kościoła – powiedział Roger. – Wykorzystuję go jedynie dla przykładu. A co do przyznania się do błędów... Co innego przyznać się teraz, a co innego setki lat temu, gdy miało to znaczenie.

– Chwileczkę – odezwała się Alice. – To było ważne... Proszę to powtórzyć.

– Pomyślcie o tym w taki sposób – mówił dalej. – To prawda, że papież przeprosił za pewne niedorzeczne przekonania i decyzje, które Kościół podjął setki lat temu, ale to nie to samo. Od tamtych czasów świat się zmienił. Kościół nie ma już takiej władzy jak kiedyś, zwłaszcza w Europie. Wtedy przyznanie się byłoby katastrofą. Zapewne doprowadziłoby do kompletnej anarchii. A teraz przyznają się jedynie do czegoś, co bardzo łatwo udowodnić naukowo. Sprzeciw wobec Galileusza byłby obecnie samobójstwem. Wyobraźcie sobie dorosłego, który wyjawia, że jako dziecko zrobił coś złego, nawet przestępczego. Przyznanie się jako dorosły ma bardzo małe znaczenie. Natomiast przyznanie się w chwili, gdy coś się wydarza... cóż, to coś zupełnie innego. Kościół robił wszystko, co mógł, żeby zatrzymać postęp i uciszyć liberalnych myślicieli, nawet palił ich żywcem. Teraz nagle dostrzegł, że czynił źle. Taki krok nie byłby możliwy setki lat temu. Choć Kościół i tak nie powstrzymał nieuniknionego i ludzie tacy jak Marcin Luter w końcu coś zmienili, ale zajęło to piętnaście wieków.

– A co z kościołami fundamentalistycznymi, które wciąż wierzą w historię Adamy i Ewy? – spytała Alice. – Na świecie jest mnóstwo ludzi, którzy całkowicie odrzucają prawdy naukowe i trzymają się niedorzecznych przekonań. Nadal uważają, że świat powstał w siedem dni, choć miliony lat ewolucji świadczą przeciw temu. To przekonanie pochodzi jeszcze z czasów, gdy wszyscy sądzili, że ziemia jest płaska.

– To jedynie dowodzi, jak szalone potrafi być ego – powiedział Roger – zwłaszcza gdy się boi. Kiedy się czegoś boisz, to zobaczysz nawet potwory pod łóżkiem. Ale to nie znaczy, że one są prawdziwe. A wracając do pytania Alice: na tym właśnie polega różnica między naszym a boskim postrzeganiem ideału. Bóg niczego nie musi udowadniać, bo wie, że nie ma się czego bać. Natomiast my boimy się zerwać z dziwnymi wyobrażeniami ideału i nieskazitelności, bo gdybyśmy to zrobili, nastąpiłby efekt domina. Łatwiej jest żyć ze starymi, szalonymi opowieściami, ale wydaje mi się, że docieramy do punktu, w którym ten rodzaj myślenia stanie się niemożliwy.

Wróciłem do swojego pokoju, który znajdował się obok pokoju Alice. Słowa Rogera mocno na mnie wpłynęły. Wibrowały tak silnie, że ciągle jeszcze je analizowałem. Myśl, że „Bóg niczego nie musi udowadniać, bo wie, że nie ma się czego bać" wydała mi się jednym z najważniejszych zdań, jakie kiedykolwiek usłyszałem.

Czyżbym właśnie to próbował robić cały czas? Starałem się udowodnić coś każdej spotkanej kobiecie, bo bałem się tego, co mogłoby się wydarzyć, gdybym tego nie robił? Jeśli bym im nie zaimponował, nie miałyby powodu się mną interesować. *Prawdziwy* ja nie był zbyt imponujący – a przynajmniej tak sądziłem.

Jeśli miałem pozyskać czyjąś miłość, to musiałem być kimś innym – kimś wartym miłości.

Ta myśl głośnym echem odbiła się w mojej głowie: „ktoś *wart* miłości". Kimkolwiek była ta osoba, nie była mną. Ja musiałem zmienić się w kogoś innego – kogoś, kogo kobiety zauważą i zapragną. Jedynym sposobem było stworzenie iluzji, a nie pozostanie prawdziwym, bezbronnym, niedoskonałym człowiekiem.

„Kto*ś* wart miłości". Nie mogłem wypędzić tej myśli z głowy. Gdy spojrzałem na to logicznie, moje zachowanie nie miało sensu. Byłem znanym autorem, słynnym muzykiem i nagradzanym filmowcem. Dlaczego ktoś taki jak ja miałby nie zasługiwać na miłość kobiety? Zacząłem rozumieć, co Roger miał na myśli, gdy mówił, że umysł wierzy w przeróżne szalone rzeczy, które nie są prawdą. Z jakiegoś powodu bałem się zobaczyć siebie tak, jak widzi mnie Bóg – godnego miłości. Jeśli tylko uda mi się zmienić nastawienie, reszta wydarzy się sama.

Z drugiej strony wszystkie moje osiągnięcia świadczyły o tym, co *zrobiłem*. Wcale nie musiały odzwierciedlać tego, kim *byłem*. Czy moja wartość zależy od sukcesu, czy może od czegoś głębszego? A co z ludźmi, którzy nic nie osiągnęli lub nie zdobyli sławy? Czy nie zasługiwali na tyle samo miłości co inni?

Chwyciłem notatnik z wierszem, nad którym pracowałem, i zacząłem zapisywać swoje uczucia. Słowa popłynęły same, jakby były gotowe i tylko czekały na moją dłoń, aby się uwolnić.

Jestem gotów się poddać,
może pierwszy raz w życiu,
i wpaść w twe ramiona bez obietnic i gwarancji.

Jestem gotów zatrzymać się w bezruchu
i już nie biec, kiedy czuję presję,
gdy pomyślę, że ty pierwsza mnie zostawisz.

Jestem gotów zapomnieć o przeszłości
i być w pełni obecnym.
Zobaczyć przyszłość teraz, a nie we śnie.

Jestem gotów cię pokochać, czyli pokochać samego siebie,
czyli pokochać Boga, czyli pokochać ciebie.

Bo w ostateczności wszystko wraca...
Jak w kole.

Godzinę później szedłem korytarzem do łazienki, gdy usłyszałem, że Alice rozmawia z kimś przez telefon. Była w swoim pokoju za zamkniętymi drzwiami. Nie chciałem podsłuchiwać, ale i tak usłyszałem, jak mówi do kogoś łagodnym głosem. Musiało zależeć jej na tej osobie. Szybko zrozumiałem, że jest to jej były mąż, i wyczułem, że nie ma w niej chłodu lub powściągliwości. Wręcz przeciwnie: w jej głosie brzmiała czułość typowa dla żony rozmawiającej z małżonkiem, zapewniającej, że może na nią liczyć, choć są daleko. Stałem tam z nadzieją, że usłyszę coś, co mnie upewni, że on się zmienił i będą chcieli spróbować jeszcze raz. Ale nic takiego nie usłyszałem, jedynie jej łagodny głos, który chciałbym pewnego dnia usłyszeć w rozmowie ze mną. Nagle poczułem, że ten dzień nigdy nie nadejdzie.

Założyłem płaszcz i wyszedłem na dwór. Początkowo nie wiedziałem, w którą stronę pójść. Chciałem jedynie pomyśleć i skalibrować swój wewnętrzny kompas. Czas pożegnać się z nadzieją, że ta wycieczka okaże się romantycznym urlopem. Ta cząstka mnie, której zależało na takim rozwoju wydarzeń, zaczęła dominować, a ja zrozumiałem, że nie jestem tak otwarty, jak mi się wydawało. Alice nie była wolna od swojej przeszłości i z jakiegoś powodu dziwiło mnie to. Sam przecież miałem na koncie trudne rozstania, zwłaszcza małżeństwo, i doskonale wiedziałem, jak łatwo było przypomnieć sobie dawną bliskość i dać sobie jeszcze jedną szansę. Właśnie to działo się w pokoju obok, ale ja nie miałem zamiaru stawać im na drodze.

Postanowiłem pójść do wąwozu wzdłuż szlaku wiodącego przez las. Stanąłem przy klifie o wdzięcznej nazwie „Skok Kochanków". Tabliczka informowała, że nazwano go tak na cześć indiańskiej księżniczki, która skoczyła w przepaść, dowiedziawszy się, że jej kochanek zginął w bitwie. Ciekawe, ale mnie daleko było do tak dramatycznej reakcji. Powinienem cieszyć się szczęściem Alice. Nigdy niczego sobie nie obiecywaliśmy, ani nawet nie definiowaliśmy naszego związku. Nie ukrywała, że nie chce się spieszyć ani ferować wyroków w sprawie naszej wspólnej przyszłości. Najbardziej złościłem się na siebie za to, że ubzdurałem sobie, że Elora będzie miejscem, w którym w końcu znajdę miłość. Nie udało mi się z Michele i na pewno nie uda się z Alice.

Po kilku minutach zimny wiatr zaczął mi doskwierać, więc postanowiłem wrócić do pensjonatu. Spacer pomógł mi oczyścić umysł.

Wszedłem do środka i zobaczyłem, że Alice siedzi przy stole. Oczywiście nie miałem zamiaru mówić o tym, co usłyszałem na górze. Po pierwsze nie była to moja sprawa, póki Alice nie zechciałaby się ze mną nią podzielić, a po drugie nie powinienem słuchać prywatnej rozmowy. Alice uśmiechnęła się, gdy wszedłem i poprosiła, żebym się przysiadł. Zdjąłem płaszcz i poczułem ucisk w żołądku, gdy przysuwałem sobie krzesło. Byłem gotów usłyszeć, że chce wrócić do Boba i spróbować uratować swoje małżeństwo. Obiecałem sobie udawać wsparcie i służyć dobrą radą. Dobrze znałem to uczucie: nie raz smakowałem goryczy odrzucenia. Niestety znowu czekał na mnie jej kielich, lecz tym razem przyprawiony ironią. Przynajmniej nie musiałem się martwić, że Alice wyjedzie i zostawi mnie samego.

– Rozmawiałam dziś z Bobem – powiedziała. – Bardzo cierpi... po raz pierwszy otworzył się na uczucia.

– Pewnie nie była to łatwa rozmowa – powiedziałem z nadzieją, że wyczuje moją szczerość.

– Była bardzo trudna. Naprawdę go kocham i przejmuję się tym, co się z nim dzieje. Nie chcę, żeby cierpiał, ale jednocześnie to jest coś, przez co musi przejść, a ja mam zamiar go wspierać.

– Ty też pewnie cierpisz. I nie jest wam łatwo, zwłaszcza że wciąż ci na nim zależy. Zrozumiem, jeśli postanowisz wyjechać wcześniej, żeby z nim być. Nic się nie stanie...

– O czym ty mówisz?! – ton Alice zmienił się błyskawicznie. – Nie wracam. Jego cierpienie *niczego* nie zmienia. Chcę być jego przyjaciółką. Jestem mu to winna. Ale jednocześnie odpowiada mi sytuacja między nami. James, nie musisz się martwić, że wyjadę i cię tu zostawię... zwłaszcza, że wiem, co ci się tutaj przydarzyło.

– Ja wcale nie... – umilkłem, żeby ukryć swoją niepewność. – No dobrze, przemknęło mi to przez myśl. Może jestem trochę przewrażliwiony na tym punkcie. Nie chciałbym, żeby stało się to tradycją.

– Nic się między nami nie zmieniło – zapewniła Alice. – Ale i tak nie chcę się spieszyć. Nasze tempo jest idealne. Właśnie tego potrzebuję. Wiem tylko, że naprawdę mi na tobie zależy i jestem tu z tobą, żeby zobaczyć, co przyniesie przyszłość.

Tego wieczoru wybraliśmy się z Rogerem i Kathleen na przyjęcie świąteczne. Kazali nam się przygotować na niespodzianki. Pierwszą był przepięknie udekorowany dom, który należał do ich przyjaciół Marka i Marnie. Drugą niespodzianką były ciekawe rozmowy z gośćmi i gospodarzami. Zacząłem lepiej rozumieć niepowtarzalność Elory oraz mądrość, którą posiadało wielu mieszkańców tej niewielkiej społeczności.

Kathleen wyjaśniła, że wielu ich przyjaciół pochodzi z innych stron, ale przeprowadzili się, bo zakochali się w miasteczku, jego mieszkańcach i tutejszym stylu życia. Poza Śpiewakami z Elory (kilku z nich śpiewało kolędy na przyjęciu) miasteczko słynie z letniego festiwalu i innych wydarzeń kulturalnych. Od razu poczułem się jak u siebie i widziałem, że Alice miała podobne odczucia.

– To pierwsze zdjęcie, jakie kupiłem żonie – powiedział Mark, gdy do nas podszedł. Właśnie podziwialiśmy zdjęcie z limitowanej edycji słynnej Georgii O'Keeffe. Ściany domu były ozdobione dziesiątkami wspaniałych fotografii. – Kupiłem je dla Marnie na pierwszej randce. Szliśmy ulicą i zobaczyła je na wystawie. Tak bardzo wpadło jej w oko, że pomyślałem, że zrobię na niej wrażenie i od razu je kupię.

– O rany! I podziałało? – spytała Alice.

– Owszem, ale największe wrażenie zrobiłem na sobie... gdy zobaczyłem cenę. Stwierdziłem, że po takiej inwestycji muszę się z nią ożenić.

– Wygląda na to, że to była bardzo opłacalna inwestycja – dodałem. – Sprawiacie wrażenie szczęśliwych, a wasz dom jest przepiękny.

– To zasługa Marnie... zarówno dom, jak i wspaniałe życie. To cudowna kobieta.

– Mam wrażenie, że mieszkacie w niezwykłym miejscu – odezwała się Alice. – Jestem zaskoczona, że w tak małej wiosce tyle się dzieje.

– Masz rację – zgodził się Mark. – To mała miejscowość, ale o wielkim potencjale. Dlatego postanowiliśmy tu zamieszkać. Szukaliśmy ekscytującego i urokliwego miejsca. Takiego, w którym można poczuć się jak w domu, a jednocześnie wciąż być blisko miasta. Tu jest idealnie.

Ja też odczułem magnetyczny urok Elory. Choć zaczęło się od porzucenia na zimnym, mokrym podjeździe, teraz sytuacja diametralnie się zmieniła. Czas spędzony tutaj był jednym z najbardziej niezapomnianych okresów mojego życia. Zdałem sobie sprawę, że mam dług wdzięczności wobec Michele za Elorę i Drew House. Myślałem nawet nad tym, żeby do niej zadzwonić i opowiedzieć o wszystkim, ale po chwili postanowiłem cieszyć się chwilą. Wciąż nie wiedziałem, co wydarzy się między mną a Alice, ale z pewnością nie należało tego komplikować, dodając Michele.

Następnego ranka w pensjonacie zaroiło się jak w ulu. Na kulinarne zajęcia u Rogera przybyło dwadzieścia osób. Powitano ich kieliszkiem szampana oraz menu stanowiącym program dzisiejszych zajęć. Wśród przybyłych zauważyłem kilka osób poznanych poprzedniego wieczoru. Przywitali się ze mną, gdy wszedłem do jadalni. Kathleen podała mi kieliszek szampana i odeszła ze mną na stronę.

– Chyba nie musisz zostawać na całe zajęcia – wyszeptała. – Znasz Rogera... Zacznie opowiadać historyjki i wszyscy będą go słuchali z otwartymi buziami. Ale gotowania na koniec zajęć nie możesz sobie odpuścić.

– Przyszedłem tu zarówno dla opowieści, jak i gotowania – odpowiedziałem z uśmiechem. – Nigdy nie spotkałem kogoś takiego jak Roger, kogoś, kto tak duchowo podchodzi do jedzenia. Siedząc u niego w kuchni, nauczyłem się więcej niż gdziekolwiek indziej.

– Jest niesamowity – zgodziła się Kathleen. – Wyobraź sobie życie z nim. Naprawdę mogę potwierdzić, że żyje w zgodzie z tym, czego naucza, a to jest dla mnie najważniejsze. Brzmieć mądrze to jedno, ale stosować się do swoich nauk to zupełnie inna sztuka. A poza tym jest autentycznie skromny. Chyba nie zdaje sobie sprawy, jaki jest wspaniały.

Podeszła do nas Alice, a Kathleen wręczyła jej kieliszek.

– O czym rozmawiacie? – spytała.

– O niczym ważnym – odrzekłem. – O tym, jak cieszymy się, że możemy być tutaj.

– Wypijmy za to – powiedziała Kathleen i uniosła kieliszek. – A teraz czas wrócić do pracy. Usiądźcie, gdzie chcecie.

Krzesła poustawiano w rzędach zwróconych w stronę kuchni. Na wprost grupy stała kuchenka gazowa z sześcioma palnikami, a nad nią wisiało lustro, dzięki czemu każdy doskonale widział, co się dzieje w kuchni. Byłem pewny, że Roger robił to już niejednokrotnie, a wielu uczestników było tu nie pierwszy raz. Wyjrzałem przez okno i zauważyłem, że właśnie zaczyna się zapowiadana śnieżyca. Rozejrzałem się po sali i poczułem, że nie chciałbym się znaleźć nigdzie indziej.

– Dziś nauczycie się kilku z moich ulubionych dań – zaczął Roger, gdy wszyscy zajęli miejsca. – Mogę pokazać wam, jak wszystko przygotować, ile dodać poszczególnych składników, ale nie nauczę was najważniejszego: jak dodać do potrawy miłość. To od niej wszystko zależy, ale tego nie da się opisać w książce albo nauczyć podczas zajęć takich jak te. Jestem pewien, że wszyscy doświadczyliście tego, o czym mówię... tego czegoś, co sprawia, że danie eksploduje, nie tylko smakiem, ale także energią i życiem. Dlaczego tak czule wspominacie dania swoich mam albo coś, co wasze babcie przyrządzały, gdy przyjeżdżaliście w odwiedziny? Ponieważ do tych dań dodawały miłość, którą was darzyły. Możecie twierdzić, że wasza mama robiła najlepsze lasagne, ale gdybyście spojrzeli na listę składników, zobaczylibyście, że nie różniły się od tego, czego używają inni ludzie. Pamiętajcie, że miłość dodaje daniu energii, która łączy wasze serca i dusze. Choć nie potrafię was nauczyć tej sztuki, mogę opowiedzieć wam o tym, jakie to ważne. Przede wszystkim musicie pamiętać, że każdy może zrobić samodzielnie to, co ja dziś ugotuję – ciągnął. – Niektórzy z was mogą sądzić, że jestem magikiem, ale to nieprawda. *Przyroda* jest magikiem, a ja jestem jedynie jej sumiennym, wiecznym praktykantem. Wciąż się uczę, tak jak wy uczycie się teraz. Jeśli nie zapomnimy o takim podejściu, wszystko będzie dobrze.

– Dla większości z nas nie będzie to żaden problem – dodał mężczyzna siedzący w pierwszym rzędzie. Rozejrzał się po sali, bo liczył, że inni się z nim zgodzą, ale jego żona dźgnęła go łokciem, żeby się nie odzywał.

– Dobrze! – zawołał Roger z uśmiechem. – Bo ostatnie, czego nam trzeba, to przeświadczenie, że jesteśmy mistrzami sztuki gotowania. Ale to odnosi się do wszystkiego w życiu, prawda? Jeśli zachowamy skromność i podejdziemy do życia jak dziecko, które dopiero zaczyna odkrywać świat, to zrobimy dużo większe postępy, niż gdybyśmy sądzili, że już wszystko rozumiemy. W porządku, dość gadania. Wiedzcie, że bardzo się cieszę, że was widzę, tym bardziej że zapowiada się burza śnieżna. Albo jesteście bardzo głodni, albo tak bardzo ciekawi was kuchnia francuska!

– I to, i to – powiedziała Marnie. Dopiero wtedy zauważyłem, że gospodyni wczorajszego przyjęcia także jest na sali. Spojrzała na mnie i uśmiechnęła się, a następnie odwróciła do Rogera.

– Chcę was prosić o coś, o czym sam zawsze staram się pamiętać, gdy zaczynam gotować – powiedział. – Nasze społeczeństwo oszalało na punkcie tego, co tanie i łatwe. Nie doceniamy ludzi, którzy dostarczają nam niezbędnych składników, zwłaszcza tych najwyższej jakości. Zawsze kupuję najlepsze produkty, ponieważ w ten sposób mogę okazać szacunek nie tylko rolnikom i sprzedawcom, ale także własnemu ciału. Myślicie, że ciało nie potrafi dostrzec różnicy? Potrafi i reaguje na to, czy traktujecie je z miłością. To ważne, aby zacząć od szacunku i wdzięczności, a uczucia te przenikną do każdej potrawy, którą przygotujecie.

Wsłuchiwałem się, jak Roger dzieli się swoją mądrością, którą zdążyłem poznać, gdy siedziałem w jego kuchni i nawiązywałem z nim przyjaźń. Było jasne, że między tym, czego nauczał, a tym, kim był, nie istniała żadna sprzeczności. Panowała idealna harmonia. Słuchacze pochylali się do przodu i notowali, zafascynowani, niemal zahipnotyzowani jego słowami. Zerknąłem na Kathleen, która siedziała z tylu sali przy drzwiach i promieniała dumą. Alice zauważyła, że się rozglądam, i chwyciła moją dłoń.

– Tak się cieszę, że tu jestem – wyszeptała. – Jesteś dla mnie największym darem.

Ścisnąłem jej dłoń, ale nic nie powiedziałem. Jedynie uśmiechnąłem się i poczułem to samo co ona.

Roger pokazał, w jaki sposób przyrządzić canapés gravlax, czyli przystawkę składającą się z łososia i szparagów w cieście ptysiowym. Następnie przeszedł do najbardziej skomplikowanego dania: bisque de homard, czyli zupa z homara. Podał rondelek z bisque, które przygotował wcześniej, aby każdy mógł spróbować dania. Następnie podzielił się przepisem na coquille de fruits de mer (muszle skorupiaków z kawałkami świeżego homara, przegrzebkami, dorszem i pstrągiem tęczowym) oraz pieczonego kurczaka z czosnkiem, który okazał się moim ulubionym daniem. W końcu czosnek odegrał ważną rolę we wszystkim, czego nauczyłem się od Rogera!

Gdy już sądziłem, że lepiej być nie może, Roger pokazał, jak przyrządzić pieczoną polędwicę wołową i ziemniaki zapiekane w sosie. Zakończył sycącym ciastem pomarańczowym według przepisu poznanego w Australii. Dwie godziny minęły jak dwie minuty. Wkrótce siedzieliśmy przy wyznaczonych stołach i degustowaliśmy wspaniałe dania, które przed chwilą przyrządził Roger. Nie mogłem uwierzyć w swoje szczęście. Nie wiem, czym sobie zasłużyłem na takie doświadczenie, ale miałem zamiar cieszyć się każdą sekundą i każdym kęsem.

Tego wieczoru siedziałem z Alice przy kominku w jej pokoju. Rozmawialiśmy i piliśmy wino. Siedząc tak, zauważyłem, jak mi wygodnie – nie tylko z nią, ale i z sobą. Nigdy bym się nie spodziewał, że tyle się zmieni w tak krótkim czasie.

Ogarnął mnie spokój, który nie miał nic wspólnego z Alice, Rogerem czy kimś innym. Pojawił się, ponieważ od czegoś się uwolniłem, choć nie byłem pewien od czego. Wiedziałem tylko, że czuję się lżejszy, jakby z mojego serca spadł ciężki kamień. Ucieszyłem się na tę myśl i miałem nadzieję, że tak już zostanie.

– Jak nam idzie? – spytała Alice i stuknięciem w ramię wyrwała mnie z zadumy.

Jej pytanie zszokowało mnie: częściowo z powodu jego bezpośredniości, ale głównie dlatego, że właśnie pytałem siebie o to samo.

– Jest mi z tobą naprawdę dobrze, a to bardzo ważne. A ty? Jak odpowiedziałabyś na to pytanie?

– Jestem tutaj, prawda? Idzie całkiem nieźle.

– Naprawdę? – spytałem i przysunąłem się do Alice o kilka centymetrów. – Sądzisz, że dobrze nam idzie?

– Oczywiście. Lepiej by nie mogło. Ale mam do ciebie pytanie i liczę, że odpowiesz mi szczerze. Zastanów się nad czasem, który spędziliśmy razem: nad zeszłym tygodniem w Oregonie i pobytem tu, w Drew House. Naprawdę tego chcesz?

– Pytasz, czy chcę, żebyśmy byli razem?

Instynktownie chwyciłem jej dłoń.

– Dużo o tym myślałem i szczerze mówiąc, odpowiedź zdaje się krążyć poza moim zasięgiem. Oczywiście pociągasz mnie, zawsze tak było. Ale jednocześnie wyczuwam coś jeszcze. Może to szansa na związek, a może nie. Czuję, że jestem na nieznanym lądzie, bo nie bywam tak niezdecydowany.

– Nie uważam, że jesteś niezdecydowany – odrzekła Alice. – Sądzę, że jesteś prawdziwy... i szczery.

Rozparła się w fotelu i puściła moją dłoń.

– I czuję to samo co ty. Jakaś część mnie chce iść do przodu, ale inna woli pozostać w bezruchu. Nie jestem pewna, czy jestem gotowa, ale chcę... Chcę być gotowa.

– Myślę, że jesteśmy gotowi być tu, gdzie właśnie jesteśmy – powiedziałem. – Kiedyś myślałem, że powinno być łatwiej – i może jest. Wiem, że udało ci się otworzyć dla mnie drzwi i pomogłaś mi zagoić pewną ranę.

– Jaką ranę?

– Powrót do Drew House mógł wywrócić wszystko do góry nogami. Gdy przebywałem tu ostatnio, moje życie było dużo bardziej skomplikowane. Nie wiedziałem, czy po powrocie będę w stanie trzymać się zmian, które tu nastąpiły.

– Mówisz o Michele? – spytała. – Jeśli tak, to według mnie czas o tym zapomnieć. Możesz pozwolić na uzdrowienie tamtego związku w dowolnej chwili, bo tak naprawdę to nie zależy od niej. Zależy jedynie od ciebie i twojej chęci rozwoju. U mnie jest tak samo. Od czasu rozstania z Michele poznałeś Rogera, a my znowu jesteśmy sobie bliscy. Przeżyłeś wiele duchowych doświadczeń. Porzucenie przez Michele było prawdopodobnie najlepszą rzeczą, jaka mogła ci się przytrafić.

– Skłaniałem się ku tej myśli – przyznałem – ale dopiero teraz cieszę się, że mnie rzuciła.

– Choć na tyle mogłam się przydać... Pomogłam ci to dostrzec.

– Jesteś wspaniałą przyjaciółką – odpowiedziałem z uśmiechem. – Chyba tak łatwo się mnie nie pozbędziesz.

Dwa dni później wylądowałem z Alice w San Francisco. Ona planowała spotkać się z przyjaciółką i zacząć nową przygodę beze mnie, a ja miałem wrócić do Oregonu. Pojechaliśmy razem do Oakland na ostatni wspólny lunch. W trakcie posiłku niewiele mówiliśmy, żeby zostawić przestrzeń dla tego, co się między nami narodziło od czasu pierwszego telefonu Alice i wspólnego wyjazdu do Drew House.

Czułem, że to nie koniec, lecz początek czegoś, czego żadne z nas jeszcze nie potrafiło przewidzieć. Doświadczyłem gigantycznej zmiany i wiedziałem, że nie znajdę miejsca dla nikogo, póki nie zapuszczę korzeni. Wiedziałem, że stoję przed drzwiami do nowego życia, które właśnie zaczęły się otwierać, ale czułem, że jestem jeszcze daleko od miejsca, w którym chcę się znaleźć.

ROZDZIAŁ 10

Sedno sprawy

– Jest coś, co muszę zrobić – powiedziałem Rogerowi i przycisnąłem słuchawkę do ucha.

Minęły trzy tygodnie od powrotu z Drew House i choć moje życie wydawało się bardziej poukładane niż dotychczas, miałem wrażenie, że pozostała jakaś niedokończona sprawa, jakby brakowało ostatniego kawałka układanki. Nauczyłem się być jak czosnek i pozwoliłem się zmiażdżyć. Uwolniłem się od poczucia winy związanego z Lindą i Nancy. Otworzyłem też na nowo serce: mniej przejmowałem się rezultatami lub zmuszaniem drugiej osoby, by czuła się w określony sposób, a bardziej skupiłem na uszanowaniu więzi i pozwoleniu, by Bóg prowadził nas krok po kroku.

To, co zaczęło się jak katastrofa, zainicjowało nowy rozdział życia, a ja ledwo pamiętałem, jak czułem się wcześniej. Nawet porzucenie na podjeździe Drew House wydawało się odległym wspomnieniem.

Ale wciąż doskwierał mi ten brakujący kawałek i wiedziałem, że jest związany z Rogerem. A konkretniej – z kilkoma historiami o człowieku, którego znał, słynnym kucharzu Alainie Dutournier. Wówczas wydawały mi się mało ważne. Co dziwne, po powrocie do domu nie mogłem przestać o nich myśleć. Czułem, że muszę dowiedzieć się więcej albo osobiście poznać człowieka, którego Roger darzył tak wielkim szacunkiem. *Może o to chodziło?!* Alain musiał być wyjątkowy, skoro Roger tak go podziwiał... Albo przynajmniej był kimś, kto mógłby mi udzielić kilku ważnych lekcji.

Nazajutrz z samego rana zadzwoniłem do Rogera, bo chciałem jak najprędzej podzielić się z nim przemyśleniami z poprzedniego wieczoru. Miałem przeczucie, że ziarno, które niepostrzeżenie wypadło z mojej kieszeni, zaczęło wypuszczać korzenie, jak tylko dotknęło ziemi. I choć chciałem zignorować to wrażenie, tylko ono przynosiło mi ulgę i pocieszenie. To był ostatni element układanki i potrzebowałem Rogera, żeby go odnaleźć.

– James? O, witaj! Miło cię słyszeć – przywitał mnie Roger. – Co takiego musisz zrobić?

– Pamiętasz, jak opowiedziałeś mi o tym słynnym kucharzu, który zatrzymał się w Drew House?

– Tak, oczywiście. Alain Dutournier. Dlaczego o nim myślisz?

– Szczerze mówiąc, nie wiem, ale nie mogę przestać. Sposób, w jaki odpowiedział na twoje pytanie... że na ostatni posiłek zjadłby jajka sadzone...

– Tak, ale nie byle jakie. Nie zapominaj, że jego ostatni posiłek miał ożywić wspomnienia z bardzo radosnego okresu życia. Ten posiłek to symbol śniadań, które przygotowywała mu matka, oraz uczucia miłości, które zostało w nim przez całe życie.

– Uczucia, które zostało w nim przez całe życie... – powtórzyłem. – A pierwszego dnia naszej znajomości rozmawialiśmy też o Ostatniej Wieczerzy. Pamiętasz? Powiedziałeś, że jedzenie jest zarówno fizyczne, jak i duchowe i jeśli takie przekonanie będzie towarzyszyło naszym posiłkom, to każdy posiłek będzie uświęcony.

– Ja tak powiedziałem? – odpowiedział zaskoczony. – Zaczynam zapominać, co mówiłem.

– Nie wiem, czy dokładnie tak się wyraziłeś, ale tak to pamiętam. Powiedziałeś też, że Francuzi podchodzą nabożnie do jedzenia, zwłaszcza gdy jedzą w towarzystwie. Cieszą się każdą minutą i nie spieszą z posiłkiem.

– Jasne, pamiętam – potwierdził Roger.

– Właśnie tego potrzebuję – powiedziałem. – Chcę pojechać do Francji i doświadczyć tego, o czym mówiłeś. Mam wrażenie, że muszę nauczyć się czegoś od Alaina, tak jak ty. Moja intuicja podpowiada mi, że to brakujący element układanki, którą stało się moje życie przez ostatnie miesiące... Coś się tam wydarzy, co poskłada wszystko w całość. Od pobytu w Drew House uległem ogromnej przemianie – całkiem jak zmiażdżony czosnek – i teraz gdy leżę odsłonięty na desce do krojenia, czuję, że została mi jeszcze jedna rzecz do zrobienia. Nie wiem, czy mówię z sensem, ale mam w sobie tę potężną potrzebę. A wyjazd do Paryża jakoś mi w tym pomoże... *Cokolwiek* by to było.

– Chcesz zjeść w restauracji Alaina? – spytał Roger. – Nie wiem, w czym ci to pomoże, ale mogę zorganizować wam spotkanie, jeśli sobie życzysz.

– Tak! Miałem nadzieję, że pomożesz mi go poznać, a może spotkać, żebym mógł z nim porozmawiać.

– Na pewno się uda, ale wiedz, że Alain słabo mówi po angielsku. Będziesz potrzebował tłumacza.

– Nie szkodzi! Na pewno kogoś znajdę – odrzekłem podekscytowany. – I chciałbym pojechać jak najszybciej. Z jakiegoś powodu mam wrażenie, że to pilne... Jakbym nie miał czasu do stracenia.

– Dobrze. Napiszę e-mail do Alaina i upewnię się, czy jest w Paryżu. O tej porze roku może być na urlopie, ale sprawdzę.

Jeszcze nigdy nie czułem tak wielkiej potrzeby. Na szczęście nie miałem żadnych zajęć i nic nie powstrzymywało mnie przed wyjazdem – może tylko cichy głos, który się zastanawiał, czy nie rzucam się do basenu, mimo że nie wiem, czy jest w nim wystarczająco dużo wody. Chciałem przede wszystkim coś rozpocząć, wejść na ścieżkę, która doprowadzi mnie do pełni. Wszystko, przez co przeszedłem z Lindą, a także innymi kobietami, czegoś mnie nauczyło, teraz zaś musiało osiągnąć punkt kulminacyjny. Wiedziałem, że nie uda mi się żyć w pełni nowym życiem, jeśli to się nie wydarzy.

Wieczorem rozmawiałem przez telefon z Alice i powiedziałem jej o swoim pomyśle, zwłaszcza o potrzebie sfinalizowania zmian zachodzących w moim życiu. Jak zwykle wysłuchała mnie cierpliwie i po namyśle odpowiedziała:

– Co jest wspólnym mianownikiem? – spytała. – Wróć do przeszłości, nie do Lindy, ale jeszcze dalej. Do każdej kobiety, którą spotkałeś, począwszy od matki po mnie. Każda coś ci dała. Co to było?

– Nie mam pojęcia – odparłem z nadzieją, że uda mi się uniknąć tematu, do którego zmierzała Alice. Myśl o powrocie do tak dalekiej przeszłości była przytłaczająca i nie wiedziałem, czy sobie poradzę. – Moja relacja z matką była w porządku. Nigdy nie mieliśmy żadnych poważnych problemów czy sporów, a przynajmniej nic takiego...

– Co ty robisz? – spytała Alice, jakby czytała mi w myślach. – Nie spiesz się tak. Pomijasz najważniejszą kobietę swojego życia: własną matkę. Nie sądzisz, że warto przyjrzeć się waszej relacji bliżej?

– Nie mam pojęcia – powiedziałem w końcu. – W sumie to nie. Mam z nią dobre relacje.

– Na pewno? Wróć do przeszłości nie tylko pamięcią, ale i sercem. Nie mówię, że musisz znaleźć jakieś negatywne słowa albo czyny. Ale wydaje mi się, że coś pomijasz... Albo nie rozumiesz, jak wielki wpływ miało to na ciebie, albo się tego boisz.

– Wątpię, żeby było coś takiego – odpowiedziałem. – Gdy myślę o dzieciństwie, wszystko wydaje się w porządku.

– Ile miałeś lat, gdy urodziła się twoja siostra? – spytała.

– Hm, mój brat Todd jest ode mnie rok starszy, a ja jestem trzy lata starszy od Lisy. Ale jaki to ma związek...

– Posłuchaj mnie. Spróbuj wrócić do czasów, gdy miałeś trzy–cztery latka. Wiem, że trudno przypomnieć sobie szczegóły, ale jeśli naprawdę się postarasz, może przywołasz niektóre emocje. Wyobraź sobie, że twoja mama właśnie wróciła ze szpitala z siostrzyczką. Lisa była noworodkiem i potrzebowała mnóstwo uwagi. A ty byłeś małym chłopcem, który potrzebował swojej mamy, ale ona wiedziała, że twoje potrzeby mogę chwilę poczekać. Sprawdź, czy uda ci się wrócić do tamtych chwil, i spróbuj przypomnieć sobie emocje.

Zamknąłem oczy i wyobraziłem sobie tamtą scenę. Zobaczyłem brata, który był starszy i bardziej samodzielny niż ja, a potem wyobraziłem sobie mamę trzymającą w ramionach Lisę. Oczywiście uśmiechała się i tuliła ją jak każda kobieta trzymająca noworodka. Zobaczyłem też siebie: siedziałem na podłodze i przyglądałem się mamie. Dookoła mnie leżały zabawki, ale nie byłem nimi zainteresowany. Wpatrywałem się w to, co się działo w fotelu w kącie pokoju. Otulona kocem siostrzyczka piła z butelki i cicho pojękiwała. Mama spojrzała na mnie, ale tylko na sekundę. Jej wzrok powędrował z powrotem na moją siostrę i na niej skupiła całą uwagę. Siedziałem tam z nadzieją, że znowu na mnie spojrzy i się uśmiechnie albo w jakiś sposób mnie zauważy. Nie zrobiła tego.

I wtedy to poczułem. Byłem zazdrosny! Tydzień wcześniej to *mnie* poświęcano najwięcej uwagi. To ja byłem najmłodszy, a mama dbała tylko o *moje* potrzeby. Nie rozumiałem, co oznacza powiększający się brzuch mamy ani towarzyszący temu zamęt. To było bez znaczenia. Liczyło się tylko to, że dostawałem to, czego potrzebowałem... czego potrzebuje każdy trzylatek.

Nagle wspomnienia zniknęły, a ja wróciłem do teraźniejszości. Nie podobały mi się uczucia, które mnie ogarnęły.

– Wróciłeś – powiedziała Alice, spostrzegłszy zmianę. – Co teraz czujesz?

– Jestem zły – odrzekłem i opowiedziałem jej o tym, co zobaczyłem. – Nie chcę już nawet o tym myśleć. Wiem, że to tylko wspomnienie wydarzeń sprzed ponad czterdziestu lat, ale wciąż boli.

– Oczywiście, że boli. To dlatego, że przez tyle lat trzymałeś te emocje pod kluczem. Złoszczenie się na własną matkę jest trudne do zniesienia... Skąd mogłeś wiedzieć, że nie robiła nic złego i nie chciała cię celowo skrzywdzić.

– Powinna pamiętać, że wciąż jestem ważny – powiedziałem i poczułem napływ emocji. – Nie musiała spędzać czasu tylko z Lisą i całkowicie mnie ignorować.

– Chciałabym, żebyś zrobił teraz dwie rzeczy – powiedziała Alice tak cicho i łagodnie, że ledwo ją słyszałem przez telefon. –

Po pierwsze, w pełni doświadcz uczuć, które do ciebie napłynęły. Nie odtrącaj ich. Ale zadaj sobie też pytanie. Chcę, żebyś ty, dorosły ty, spytał siebie, co tak naprawdę się wtedy działo. Czy twoja mama *naprawdę* o tobie zapomniała? Wiem, że tak się wtedy czułeś, a może nawet wciąż masz takie wrażenie, ale czy to prawda? Jeśli chcesz, możesz na to spojrzeć z innej perspektywy: nie trzylatka, ale dorosłego człowieka. Czy twoja mama naprawdę cię odrzuciła, czy tylko tak ci się wydawało?

Oczywiście znałem odpowiedź, ale jednocześnie miałem mętlik w głowie – dokładnie taki sam jak w dzieciństwie. Wówczas nie mogłem zrozumieć, co się dzieje, ale teraz wiedziałem, że muszę koniecznie znowu przeżyć tamte uczucia, jakby jedynym sposobem uwolnienia ich było ponowne doznanie jako dziecko, a nie jako analizujący dorosły. Im bardziej otwierałem się na te emocje, tym bardziej byłem pewien, że czas się od nich wyzwolić. Czułem, jak starszy „ja" nabiera siły i zapewnia młodszego, że wszystko będzie dobrze.

Wyobraziłem sobie, że podchodzę do małego Jimmy'ego, biorę go na ręce i unoszę wysoko w górę. Nagle poczułem, że jestem obecny w dwóch wcieleniach: czterdziestoośmiolatka i trzyletniego dziecka. Dobrze się czułem w objęciach dorosłego, a jako dorosły cieszyłem się, że mogę przytulić chłopczyka, o którym zapomniałem. Po minucie wiedziałem, że czas postawić go na podłodze i otworzyć oczy.

– Mam do ciebie jeszcze jedno pytanie – powiedziała Alice. – Jak według ciebie to uczucie, które chowałeś w sobie przez czterdzieści pięć lat, wpływało na twoje relacje z kobietami?

Wziąłem głęboki oddech, ponieważ wiedziałem, że wkraczam w nieznane. Czy to możliwe, że przenosiłem te emocje na każdy związek? To poczucie, że nie jestem dość dobry, żeby mnie tulić i kochać i że wcześniej czy później moja partnerka zda sobie sprawę ze swojego błędu i poszuka kogoś lepszego? Czy dlatego zawsze odpychałem innych, bo sam bałem się odrzucenia? Łatwiej było udawać niż stanąć w płomieniach i pozwolić miłości wypalić smutek, który się we mnie zagnieździł. Poczułem dziwny ucisk w żołądku. Sprawił, że zalała mnie fala takiej samotności i bezbronności, że nie chciałem dłużej o tym myśleć. Obmywała niepostrzeżenie całe moje życie, ale dopiero dziś dostrzegłem ją wyraźnie.

Przypomniał mi się piesek Toto, który odsłonił zasłonę i odkrył fałszywego czarodzieja – ja także w końcu dostrzegłem, kto pociąga za sznurki w *moim* życiu. Okazało się, że czarodziej wcale nie był tak potężny: osłabiony staruszek, który ledwo trzymał się na nogach. Spojrzałem na niego, a on na mnie. Przez chwilę myślałem, że zasłoni kotarę, ale na to było już za późno. Zobaczyłem prawdę, więc już nie mógł odgrywać tej samej roli co dotychczas.

Staruszek podniósł kapelusz, który leżał obok niego, i założył go na głowę. Spojrzał na mnie, uśmiechnął się po raz ostatni i odszedł. Zniknął we mgle, a wraz z jego zniknięciem pozbyłem się ucisku w żołądku.

– Witaj w nowym świecie – odezwała się Alice, spostrzegłszy zmianę. – Jak się czujesz?

– Jestem trochę przestraszony – przyznałem. – Z jednej strony czuję się wspaniale, bo uwolniłem się od czegoś tak starego, ale z drugiej czuję, że coś straciłem... cząstkę siebie, która od dawna zapewniała mi bezpieczeństwo.

– Nic dziwnego – uspokoiła mnie. – To uczucie zawsze ci towarzyszyło... Bezpieczniej było odpychać bliskie ci kobiety, zanim się zorientowały, kim naprawdę jesteś. Oczywiście nie miało to nic wspólnego z prawdą, ale i tak czułeś się w ten sposób.

Ten stan emocjonalny był twoim przyjacielem, sprzymierzeńcem, któremu bezgranicznie ufałeś. Wreszcie jednak zrozumiałeś, że już go nie potrzebujesz.

– Już go nie potrzebuję – powtórzyłem. – Ale co teraz?

– Teraz musisz to uczcić! – zawołała radośnie. – Zasłużyłeś na wakacje, a może nawet na wspaniały posiłek, który pozwoli zakończyć twoją przemianę. Jak smażone jajka u Alaina... Z tym, że twój posiłek będzie bardziej wykwintny, bo na niego naprawdę zasłużyłeś.

– *Zasłużyłem* na posiłek przyrządzony przez Alaina? – spytałem, bo w końcu pojąłem, co mówi do mnie Alice.

– Nie tylko ty. Ktoś jeszcze też na niego zasłużył. Mam przeczucie, że nie pojedziesz do Paryża sam...

Pożegnałem się z Alice i spędziłem kilka chwil w bezruchu, po czym przystąpiłem do działania. Postanowiłem sprawdzić skrzynkę e-mailową przed wyjazdem do Paryża. Ku mojemu zaskoczeniu czekała na mnie wiadomość od Rogera, zatytułowana *Podróż do Paryża*. Otworzyłem ją pospiesznie i zacząłem czytać:

> *James, chcesz, żebym pojechał z Tobą do Paryża? Kathleen mówi, że mogę wykorzystać jej darmowe mile lotnicze. Chętnie przyłączyłbym się do twojego lunchu z Alainem. Skontaktowałem się z nim – potwierdził spotkanie po posiłku w jego restauracji. Jeśli przydałby ci się świetny tłumacz francuskiego, jestem do dyspozycji! Daj znać, to poproszę Kathleen o zarezerwowanie lotu.*

Zdziwiłem się, jak dobrze wszystko szło. Nagle wypełniła mnie nowa energia. Szybko odpisałem Rogerowi, że z wielką chęcią polecę z nim do Paryża i że nie mogę uwierzyć w szczodrość jego i jego żony. To była idealna odpowiedź na moje modlitwy, więc nie mogłem odrzucić tak wspaniałej okazji.

Kilka minut później rezerwowałem lot do Paryża ze świadomością, że za trzy dni będę mógł zrealizować sugestię Alice. Nadchodził czas świętowania.

ROZDZIAŁ 11

Amerykanin w Paryżu

Ciężkie chmury przykrywały lotnisko. Gdy mój samolot lądował, niebo przypominało gęstą zupę. Miałem wrażenie, że wszystko się wkrótce zmieni, jakbym w końcu miał zbudzić się z dziwnego, fantastycznego snu. Zdałem sobie sprawę, że sny bywają prozaiczne lub przerażające, w zależności od punktu widzenia. Zazwyczaj chcemy, aby te straszne skończyły się jak najszybciej – to zrozumiałe. Mniej oczywiste jest natomiast to, że nawet dobre sny muszą osiągnąć punkt kulminacyjny, bo żaden sen nie powinien stać się towarzyszem na całe życie. Nadchodzi moment, gdy dzwoni budzik, a my otwieramy oczy. To czas, żeby wstać i zająć się swoim życiem. Czy tego chcemy, czy nie, od tej chwili czeka nas prawdziwe życie.

Zasadniczo mój „sen" był dość pozytywny. Udało mi się zrealizować większość założeń i uważałem się za szczęśliwego człowieka. W przeciwieństwie do wielu ludzi na świecie realizowałem swój plan „A" i wychodziłem z tego bez szwanku. Ale w momentach kompletnej szczerości ze sobą samym – zwłaszcza w ciągu ostatnich dwóch miesięcy – przyznawałem, że jest we mnie głęboki wąwóz, którego wcześniej nie dostrzegałem, a który teraz stał się widoczny. Kiedyś błędnie sądziłem, że jest otchłanią bez dna, w którą mogę wrzucać wszystkie błędy i potknięcia. Lecz nagle, bez ostrzeżenia, fala błędów wylała i zostałem zmuszony do stanięcia oko w oko z nieuniknionym. Musiałem skończyć z chowaniem się: wiedziałem, że póki nie zerwę z przeszłością, będę powtarzał stare błędy w każdym nowym związku. Alice powiedziała, że nadszedł czas świętowania wszystkiego, czego się nauczyłem, i choć czułem się dziwnie, stwierdziłem, że ma rację.

Wysiadłem z samolotu i ruszyłem odebrać bagaż. Choć byłem zmęczony po długim locie, mój krok był lekki. Znałem jedynie adres hotelu, w którym miałem spotkać się z Rogerem. Obawiałem się, że znalezienie hotelu nie będzie łatwe, ale przejazd pociągiem do stacji Paris-Nord, a następnie taksówką do hotelu poszedł jak z płatka. Kobieta w recepcji dała mi klucz do pokoju i poinformowała, że Roger już się zameldował. Nasz pokój znajdował się na trzecim piętrze, a w hotelu nie było windy. Gdy w końcu wtargałem walizkę i gitarę, byłem cały spocony.

Przygoda właśnie miała się zacząć. Już sięgałem po klucz do kieszeni, gdy Roger otworzył drzwi.

– *Bonjour* – powiedział z uśmiechem.

Jego oczy były zaczerwienione. Potarł twarz rękoma i widać było, że przed chwilą obudził się z drzemki. Jego samolot wylądował rano, co oznaczało, że musiał na mnie czekać już kilka godzin. Gdy jestem w podobnej sytuacji, staram się wytrwać bez snu aż do wieczora, bo nawet krótka drzemka uniemożliwia mi zaśnięcie w nocy. Z drugiej strony rzadko potrafię zasnąć w trakcie nocnych lotów, więc potrzeba zamknięcia oczu czasem wygrywa. Widać, że u Rogera też.

– Udało się! – powiedziałem podekscytowany i przepchnąłem walizkę przez drzwi. – Nie wierzę, że jesteśmy w Paryżu... i to na jeden posiłek.

– Może i jeden posiłek – odparł – ale *nie* byle jaki. Wstąpiłem dziś do restauracji i wziąłem kartę dań przygotowaną na kolację noworoczną. Spójrz.

Na małej kartce papieru widniały słowa, których nie rozumiałem.

– Nie wiem, co tu jest napisane, ale wygląda imponująco.

– To przeczytaj tutaj – powiedział i wskazał na sam dół, gdzie widniała cena all inclusive.

Czterysta trzydzieści pięć euro! Przełknąłem ślinę.

– O rany! To jakieś sześćset dolarów... od osoby?!

– Tak, od osoby. Teraz już wiesz, co to za restauracja. To niesamowite, że mogą sobie pozwolić na dyktowanie takich cen... Ale to Paryż: miasto, które żyje dla jedzenia.

Usiadłem na łóżku i zdjąłem buty. Cieszyłem się, że znów jestem z Rogerem. Bycie z nim we Francji wydawało się zwyczajne – choć znajdowaliśmy się na innym kontynencie – jakby Paryż był dla Rogera środowiskiem naturalnym. Wiem, że pod wieloma względami był. Roger mieszkał w Kanadzie od lat sześćdziesiątych, a wcześniej spędził dziesięć lat w Australii i Tasmanii, ale Francja była miejscem, w którym się urodził i wychował. Miałem wrażenie, że wrócił na łono matki, a fakt, że mogłem z nim dzielić tę chwilę, traktowałem jako wspaniały dar.

– Jaki mamy plan? – spytałem. – Kiedy zobaczymy się z Alainem?

– Mamy rezerwację na jutro na lunch – poinformował Roger. – Pomyślałem, że lunch będzie lepszy... Alain spędzi z nami trochę czasu, kiedy skończymy posiłek. Poza tym ceny są bardziej przystępne, a przecież ty stawiasz...

– Doceniam to – odpowiedziałem. – Mam przeczucie, że jutrzejszy lunch będzie lepszy niż wszystkie dotychczasowe posiłki.

Pół godziny później spacerowaliśmy ulicami Paryża. Przeszliśmy przez gigantyczny plac przed Luwrem, dotarliśmy na drugi brzeg Sekwany i ruszyliśmy w stronę modnego Lewego Nabrzeża, pełnego sklepów z antykami i handlarzy sztuką. Wciąż wisiały nad nami złowieszcze szare chmury, ale nie padało, więc bez przeszkód spacerowaliśmy dalej. Delektowałem się każdą chwilą i miałem nadzieję, że jeśli śnię, przebudzenie nie nastąpi zbyt szybko.

Nawet pochmurną zimą Paryż był magicznym i pełnym życia miastem. Spacerowaliśmy przez długie godziny, a Roger pokazał mi dawne mieszkanie swojej babki – naprzeciw wieży Eiffla.

Babka Rogera sprzedała mieszkanie w połowie lat sześćdziesiątych za kilkaset tysięcy dolarów. Dziś byłoby warte *miliony*. Gdy wróciliśmy na Prawe Nabrzeże, przeszliśmy do Opery Narodowej, wspaniałego i eleganckiego budynku, a następnie minęliśmy niezliczone sklepy z witrynami krzyczącymi „soldes", czyli przeceny. Później dowiedziałem się, że styczeń to miesiąc wielkich wyprzedaży, podczas których sprzedawcy pozbywają się końcówek towarów przed wprowadzeniem wiosennych kolekcji.

Wieczorem ulice zapełniły się ludźmi. Nie potrafiłem określić, czy szli w jakimś konkretnym celu, czy może po prostu delektowali się życiem miasta.

– Gdy byliśmy w Drew House – powiedziałem do Rogera w czasie spaceru – mówiłeś o służbie, a zwłaszcza o znalezieniu czegoś, co muszę w sobie uleczyć, oraz o pomaganiu innym, którzy mają ten sam problem. Nie wiem, jak to wytłumaczyć, ale twoje słowa zapadły mi głęboko w pamięć.

– Tak, pamiętam – odrzekł. – Jeżeli istnieje coś, co musimy w sobie uzdrowić, najlepiej zrobić to, pomagając komuś innemu uleczyć ten sam problem. Nie możemy przecież dać czegoś, czego w sobie nie mamy, a to według mnie jest najbardziej tajemne i ważne prawo wszechświata. Zazwyczaj myślimy: „Potrzebuję tego i tamtego", ale to sprawia, że skupiamy się na rzeczach, których nam brakuje. Kluczem do odnalezienia tego, czego nam trzeba, jest bycie źródłem tego dla innej osoby. Wtedy pojmujemy, że odpowiedź cały czas czekała w naszym wnętrzu.

– Sam tego doświadczyłem, ale w dość ciekawy sposób. I choć to trochę żenujące, chcę się z tobą tym podzielić... zwłaszcza że byłeś świadkiem niektórych wydarzeń. Zaczynam zdawać sobie sprawę, jakimi sposobami przez te wszystkie lata krzywdziłem kobiety... traktowałem je bezdusznie i byłem nieczuły. Nasiliło się to w ciągu ostatnich piętnastu lat, kiedy moja kariera ruszyła z kopyta... głównie dlatego, że po raz pierwszy w życiu kobiety zaczęły mnie zauważać.

– Na pewno tylko dlatego, że stałeś się sławny? – spytał Roger. – Zastanawiam się nad tym, bo chyba myślisz, że zanim zyskałeś sławę, kobiety nie były tobą zainteresowane. To prawda?

– Chyba tak. W szkole nie cieszyłem się zbytnią popularnością... W sumie byłem typem kujona. Dopiero potem to się zmieniło.

– Zatem sądzisz, że przyciągasz kobiety tym, co robisz, a nie tym, kim jesteś – stwierdził tonem, który zmusił mnie do zastanowienia się nad każdym słowem. – Inaczej rzecz ujmując – to, kim jesteś, gdy jesteś sobą, nie jest zbyt atrakcyjne. Czy nie tak uważasz?

– Czy nie tak *uważam*? – spytałem, żeby zagrać na czas. – Sam nie wiem... Ale gdy myślę o tym szczerze, to chyba tak. Nigdy nie uznawałem się za godnego głębokiej, trwałej miłości kobiety, którą podziwiałem. Każdy związek z piękną, wspaniałą kobietą kończył się jej odepchnięciem.

– A co z Lindą? Mówiłeś, że nie spotkałeś w życiu piękniejszej kobiety.

To pytanie było jak uderzenie obuchem w głowę. Roger miał rację: kiedy poznałem Lindę, oszołomiła mnie jej uroda, ale i osobowość – i to nigdy się nie zmieniło. Czyżbym sabotował nasze małżeństwo dlatego, że w głębi duszy sądziłem, że na nią nie zasługuję? Przez lata walczyłem o jej odzyskanie, ale nawet gdyby mi się to udało, pewnie i tak powtórzyłbym stare błędy. Łatwiej było opłakiwać jej stratę i marzyć o tym, jak mogłoby wyglądać nasze życie, niż uzdrowić przyczynę mojego braku pewności siebie.

– Skoro już pytasz o Lindę... Szczerze mówiąc, reprezentowała wszystko, na co nie zasługiwałem. Pewnie dlatego straciłem kontrolę i pozbyłem się jej ze swojego życia. Miałem taką fantazję: Linda przeprowadzi się do Oregonu i zobaczy, jak bardzo się zmieniłem... Ale nawet gdyby to się ziściło – wciąż tkwił we mnie mój prawdziwy problem.

– Musisz uleczyć ranę, która sprawia, że czujesz się niegodny miłości – łagodnie stwierdził Roger. – Jak to wykorzystasz w służbie innym ludziom? Może pomożesz tym, którzy zostali skrzywdzeni przez takich jak ty?

Takich jak ja! Te słowa uwięzły mi w gardle, gdy próbowałem je wymówić. Na świecie były miliony mężczyzn, którzy zdradzili lub rozczarowali kobiety, choć one obdarzyły ich miłością i zaufaniem. Może mój cel nie polegał jedynie na uzdrowieniu własnych związków... Może jeśli jeden mężczyzna zdobędzie się na odwagę, żeby przemówić i przeprosić za wszystkie cierpienia, jakich kobiety zaznały od mężczyzn, byłby to początek czegoś wielkiego.

– Zacząłem nad czymś pracować – powiedziałem. – Piszę wiersz zatytułowany *Siostro, przebacz.* Jest o przyznaniu się do tego, co zrobiłem, i uzdrowieniu ran, które zadałem... Ale nie tylko o tym. To głos wszystkich mężczyzn, którzy żyli w nieświadomości i zaniedbywali kobiety. Może jeśli podzielę się tym wierszem, zasieję ziarno, które wykiełkuje w naszej zbiorowej świadomości. Czy to, co mówię, ma jakiś sens?

– Większy niż ci się wydaje – odparł Roger i położył dłoń na moim ramieniu. – To jak lekarstwo homeopatyczne. Wystarczy minimalna dawka tego, co wywołało chorobę, aby ją uleczyć: jedna osoba, która zmieniła swój punkt widzenia, staje się źródłem uzdrowienia dla innych... Opowiedz mi o tym, co napisałeś.

– To wciąż tylko szkic, ale cieszę się, że mogę ci o tym powiedzieć. Może go opublikuję, a może podzielę się nim z kobietami i mężczyznami, którzy zrozumieją, skąd się wziął.

– A skąd się wziął?

– Wziął się z mojej potrzeby zmiany i uzdrowienia. Mojej tęsknoty za akceptacją miłości, którą odpychałem. Wydawało mi się, że lepiej będzie mi samemu i że moje życie będzie łatwiejsze, jeśli nie poczuję zbyt wiele. Nie wiem, co z tego wyjdzie, ale już zauważam efekty tej zmiany, i jest to wspaniałe uczucie.

– To bardzo ważne – potwierdził Roger z uśmiechem. – Wspaniale, jeśli pomożesz innym, ale najpierw musisz pomóc sobie. Najważniejsza jest twoja chęć bycia źródłem uzdrowienia, którego potrzebujesz. Trzymaj się tego, a reszta wydarzy się sama.

Wczesnym wieczorem Roger i ja poczuliśmy się wycieńczeni całodniowym zwiedzaniem miasta. Nazajutrz miał odbyć się wielki finał, do którego się przygotowywałem, i obaj chcieliśmy być wypoczęci.

Nie miałem pojęcia, co Alain doda do nauk Rogera, ale nie mogłem się doczekać. Układanka w końcu zostanie dokończona.

Obudziłem się rano i zobaczyłem, że Roger siedzi na krawędzi łóżka z zamkniętymi oczami. Wyglądał, jakby medytował, a jego uwaga skupiała się na czymś dla mnie nieuchwytnym. Przyglądając się Rogerowi, przypomniałem sobie czas spędzony na taborecie w jego kuchni z filiżanką kawy w ręku albo w jadalni: popijanie wina, rozmowy o jedzeniu, życiu i boskości. Przez chwilę myślałem, czy wszystko, co się dotychczas wydarzyło, nie zostało zaaranżowane przez cząstkę mnie, która w końcu była gotowa porzucić stare życie i przyjąć nową, dopiero co dostrzeżoną przeze mnie rzeczywistość. Czułem się gotowy, i to nie tylko na ten ostatni krok, lecz także na każdy kolejny. Ścieżkę przesłaniało wiele wątpliwości, które wciąż snuły się po mojej głowie, lecz obecnie były one plastyczne i miękkie jak glina, a nie twarde i niezmienne jak dotychczas.

Sięgnąłem po notatnik, w którym zapisywałem swój wiersz. Wczorajsza rozmowa z Rogerem zainspirowała mnie i chciałem utrwalić na papierze nowe myśli. Wiedziałem, że najlepiej zrobię, jeśli zapomnę o głowie i skoncentruję się na sercu, i pozwolę głębszym impulsom sobą kierować.

Wziąłem oddech i otworzyłem drzwi, które prowadziły do mojej ciemnej samotni, w której tak długo się ukrywałem. Nadszedł czas wpuścić do niej nieco światła, żeby cienie nie rządziły dalej moim życiem...

Siostro, przyznaję, że sam nie wiem, czemu piszę te słowa.
Dla ciebie? Czy po to, abym ja coś w sobie odnalazł?
Może to coś większego niż ty i ja,
coś, co uleczy źródło naszej słabości,
a nawet ludzkiej słabości.

Wiem tylko, że nie zasłużyłaś na to, jak cię potraktowałem.
Nareszcie, powiedziałem to!
Nie zasłużyłaś na moje kłamstwa,
nawet gdy mówiłem ci prawdę,
ani na to, jak się ukrywałem, nawet gdy byłem tuż przy tobie.

A na to zasłużyłaś:
na otwartego, szczerego mnie, którego dopiero odkrywam.
Żałuję, że nie znałem go, gdy byliśmy razem,
i nie miałem odwagi dostrzec,
jaką krzywdę wyrządzałem nam obojgu.

Czy wystarczy, że teraz to dostrzegam?
Czy znajdziesz w sobie siłę, by mi wybaczyć,
skoro wiesz, że to uzdrowi nas oboje?
Jeśli potrafisz, będziemy mogli zacząć na nowo,
nawet jeśli oznacza to, że poczuję ból,
którego dotychczas tak unikałem.

– Dzień dobry! – powitał mnie Roger, co przerwało moje rozmyślania. – Nie mam pojęcia, jak długo medytowałem. Od dawna nie śpisz?

– Zdążyłem trochę popisać – odrzekłem i włożyłem notatnik do torby. – Rozmyślałem też o dzisiejszym lunchu. Mam wrażenie, że wszystkie dotychczasowe wydarzenia przywiodły mnie w to miejsce, do tej chwili.

– Wszystko prowadzi do tej chwili – potwierdził Roger i wstał – bo tylko ta chwila istnieje: chwila obecna. A teraz czas przygotować się na spotkanie z Alainem. Lepiej nic nie jedz, bo mam przeczucie, że Alain prześcignie sam siebie.

– Co masz na myśli? – spytałem.

– Nie znam go zbyt dobrze, ale wiem, że jest niebywale szczodry. Dla niego bycie kucharzem to służba, sposób, by dawać innym radość. Już o tym rozmawialiśmy, prawda? Każda z naszych rozmów w jakiś sposób dotyczyła służby i robienia tego, co raduje nasze serce. A przecież to to samo, gdy się nad tym zastanowić.

– Bo gdy służysz innym, radość, którą dajesz, zawsze do ciebie wraca? – spytałem.

– Cóż, mam nadzieję, że tak, ale chodzi o coś więcej. Wszyscy musimy znaleźć tę jedną rzecz, która sprawia, że chce nam się wstać rano z łóżka... Coś, co jest naszą życiową pasją. Gdy żyjesz w ten sposób, całe życie staje się aktem służby, bo ludzie wyczuwają, co robisz, i instynktownie też tego chcą. Nie wstajesz z entuzjazmem dlatego, że masz hipotekę do spłacenia. Wstajesz z entuzjazmem, bo znalazłeś swoją niszę, miejsce, w którym twoja dusza rozkwita. A wtedy dzień mija w okamgnieniu! Właśnie tak rozumiem służbę. W moim przypadku jest to gotowanie świeżych potraw najwyższej jakości dla innych ludzi. A dla ciebie...

Myślałem, że odpowiedź będzie prosta, ale gdy otworzyłem usta, zrozumiałem, że jest dużo bardziej skomplikowana.

– Cóż, moją pasją jest pisanie, i rzecz jasna muzyka...

– Ale co przede wszystkim? – dopytywał się Roger. – Co jest tą najważniejszą rzeczą, która je łączy?

Odpowiedź wydała się oczywista.

– Uwielbiam dawać ludziom siłę – odparłem.

– Siłę do czego?

– Nieważne, czy piszę, czy gram na koncercie, chcę inspirować ludzi, aby spełniali pragnienia swojej duszy. Chcę, żeby realizowali swoje pasje i żyli z takim nastawieniem.

– Zatem twoją pasją jest pomoc innym w odnajdywaniu ich pasji? To ciekawe... I chyba odpowiedziałeś sobie na swoje pytanie.

– Jakie pytanie?

– Chcesz wiedzieć, jak możesz przysłużyć się innym, którzy szukają miłości – odparł Roger z pewnością siebie. – A czy miłość i pasja to nie to samo? Gdy się nad tym zastanowić, to, czego chcesz, i to, czym chcesz się podzielić, to jest to samo. Dzięki temu na pewno będzie ci dużo łatwej.

– Ale jak któryś z nas powiedział... ja już to robię. Nie wiem jednak, gdzie to zrobię ani komu się przysłużę.

– Tym się nie martw – uspokoił mnie Roger. – Otwórz serce i rób swoje. Gdy przygotowuję posiłek, nie zastanawiam się nad ludźmi, dla których gotuję. Nie wyzieram z kuchni i nie myślę: „Ten człowiek wygląda w porządku, ale tamten nie". Jestem po prostu wdzięczny, że w mojej jadalni są ludzie! Wtedy wykonuję swoje zadanie najlepiej, jak umiem. W zasadzie to samo dotyczy Boga. On nie daje tylko tym, którzy są „dobrzy" albo „godni". Łaski Pana spływają na nas wszystkich, tak jak słońce świeci na wszystkich ludzi na świecie. Możemy się od niego zasłonić, jeśli chcemy, ale nie zmienia to faktu, że ten dar wciąż na nas spływa. Rozumiesz, co mam na myśli?

– Chyba chodzi ci o to, że to bez znaczenia, czy piszę książkę, czy gram na gitarze dla publiczności... Ostateczny cel pozostaje bez zmian. Teraz potrzebuję jedynie kierunku.

– Jak tylko zanurzysz motor w wodzie, będziesz wiedział, w którym kierunku płynąć – odrzekł tajemniczo Roger.

– Mój motor?

– Tak. Gdy łódka ma motor w górze, nie może ani wrócić na brzeg, ani popłynąć przed siebie. Wyobraź sobie, że twoja łódź otoczona jest mgłą i nie widzisz horyzontu ani niczego przed sobą. Gdzie płyniesz? Co robisz? Po pierwsze musisz poprosić o pomoc. Może masz radio i możesz zwrócić się o wskazówki. Chodzi o to, że pomoc jest zawsze dostępna, ale trzeba o nią poprosić. A gdy to zrobisz, znowu zanurzasz motor w wodzie i zaczynasz płynąć we właściwym kierunku. I właśnie to teraz się dzieje w twoim życiu. Poprosiłeś o pomoc i ona nadeszła. I nie chodzi o moje opowieści, które ci pomogły. Alice ci pomogła, i nie tylko ona... Pomogły nawet te kobiety, które wskazywały ci inny kierunek.

– Jak Michele – uzupełniłem.

– Owszem. Gdyby Michele nie zostawiła cię na moim podjeździe, nie byłoby cię tutaj teraz. Nie przeżylibyśmy wspólnie ostatnich miesięcy, które pomogły nam obu w rozwoju. To był cudowny dar, choć na początku nic go nie zapowiadało.

– To prawda – zgodziłem się. – Początkowo wcale nie wyglądało to na dar.

– A teraz?

– Teraz odkrywam nowy świat. Mam wrażenie, że zaraz przejdę przez bramę, za którą otworzą się dla mnie wszystkie możliwości. Czy to, co mówię, ma jakiś sens?

– Większy niż myślisz – powiedział Roger z uśmiechem. – A teraz weźmy płaszcze i chodźmy zobaczyć się z Alainem. Mam przeczucie, że czeka nas coś więcej niż wspaniały lunch.

ROZDZIAŁ 12

Alain Wspaniały

Hotel znajdował się tuż za rogiem naszego celu podróży: Carré des Feuillants, słynnej restauracji, w której Alain Dutournier przyrządzał istne cuda. Gdy szliśmy ulicą Saint-Honoré, myślałem o wszystkim, o czym dotychczas rozmawiałem z Rogerem.

Miał rację. Otrzymaliśmy tak wiele, żeby się tutaj znaleźć, że zaczynałem podejrzewać, iż od samego początku wiedział, że tak się potoczą nasze losy. Z drugiej strony Roger był skromnym, ale niezwykle utalentowanym kucharzem. Ponadto był jednym z najbardziej fascynujących mistyków, jakich kiedykolwiek spotkałem.

Niektórzy artyści używają farby lub kamienia, a muzycy pozwalają przemówić swojemu talentowi poprzez instrumenty lub własny głos. Niewątpliwie narzędziem Rogera było jedzenie i niewielu potrafiłoby mu dorównać w tej dziedzinie. A teraz mieliśmy spotkać się z osobą, którą Roger uważał za swojego *mistrza*, którą szanował i od której chciał się uczyć. Odniosłem wrażenie, że zapisałem się na kurs dla zaawansowanych, i miałem nadzieję, że jestem na niego gotowy.

– W towarzystwie Alaina czuję się jak czeladnik – odezwał się Roger.

– Trudno mi w to uwierzyć.

– Powinieneś wiedzieć, że Alain pracuje z jedzeniem w zupełnie inny sposób niż większość francuskich kucharzy. Sam się przekonasz, gdy dania zaczną napływać. A gdy mówię o *napływaniu*, nie żartuję! Nie wiem, ile dań przygotował, ale większość porcji będzie maleńka i delikatna. Właśnie w tym specjalizuje się Alain. Przygotowuje niebywale eleganckie posiłki. Każdy kęs stanowi eksplozję smaku.

– Zje z nami? – spytałem.

– Prawdopodobnie dołączy do nas po posiłku. Mam nadzieję, że oprowadzi nas po kuchni. Już w niej byłem, i to kuchnia marzeń. Jest idealna. Czasami mam ochotę zgłosić się do niego i pracować za darmo, żeby tylko móc obserwować go przy pracy i się uczyć.

– Naprawdę zrobiłbyś coś takiego? Zgłosił na ochotnika, żeby nauczyć się technik Alaina? Miałem wrażenie, że ty już jesteś mistrzem.

– Może i tak, ale nie takim jak Alain. Lubię marzyć o pracy w jego kuchni. Chyba jestem jak ty... Uwielbiam swoje życie, ale lubię też pomarzyć.

Skręciliśmy i otworzyliśmy duże przeszklone drzwi, które wyglądały, jakby wiodły do hotelu albo eleganckiego centrum handlowego. Przed nami dostrzegłem wielką glinianą butlę, wysoką na jakieś dwa metry, i zrozumiałem, że jesteśmy na miejscu. Roger poprowadził mnie w stronę kolejnych drzwi. Spojrzał na mnie i spytał:

– Gotowy?

Nie poczekał na odpowiedź. Szybko otworzył drzwi i wszedł do środka. Na niedużym biurku po prawej stronie nie było żadnych bibelotów ani niepotrzebnych papierów. Wysoki mężczyzna uśmiechnął się do nas, powitał Rogera po francusku i wziął nasze płaszcze. Następnie inny mężczyzna zaprowadził nas do kolejnego pomieszczenia, które przypominało poczekalnię lub atrium, po czym weszliśmy do jadalni.

Nastał dopiero kwadrans po dwunastej, więc byliśmy pierwszymi gośćmi. Stolik znajdujący się najbliżej atrium już przygotowano. Nasz gospodarz odstawił krzesło, żebym mógł zająć miejsce. Dopiero wtedy zauważyłem, że Roger zniknął. Byłem sam w sali jadalnej. Spojrzałem w stronę wejścia i dostrzegłem, że rozmawia z młodszym mężczyzną w stroju kucharza. Domyśliłem się, że to główny kucharz Alaina, o którym wspominał Roger – on także przyjechał do Drew House. Po kilku sekundach mężczyźni uścisnęli sobie dłonie, a Roger odwrócił się i ruszył w moją stronę z szerokim uśmiechem na twarzy.

– Restauracja jest dużo mniejsza, niż się spodziewałem – powiedziałem, gdy usiadł.

– Tego typu miejsca nigdy nie są zatłoczone – zauważył Roger. – To jedna z ich zalet. W tym mieście celebruje się ekstrawagancję i zawsze znajdą się klienci gotowi za nią zapłacić. Niewiele miast na świecie może sobie pozwolić na tak wiele niezwykłych i drogich restauracji.

Rozejrzałem się dookoła po obrazach i kryształowych wazonach pełnych róż na długich łodygach. Roger wyjaśnił, że wystrój restauracji zmienia się regularnie, a artyści tylko czekają na szansę, by zaprezentować swoje prace w jadalni Alaina. Kelnerzy poruszali się jak tancerze przygotowujący się do wielkiego występu. Wiedziałem, że nie przeoczą żadnego szczegółu.

Roger sięgnął po kartę dań, a po chwili przy naszym stoliku pojawił się jeden z licznego grona kelnerów. Odezwał się po francusku, ale gdy Roger mu odpowiedział, kelner przełączył się na angielski.

– Alain chciał, żebym przekazał, że dziś to on będzie wybierał dla panów dania – poinformował nas. – Nie muszą panowie zaglądać do karty dań... Wystarczy zaufać szefowi kuchni.

Spojrzałem na Rogera.

– On będzie dla nas wybierał? O rany, czuję się jak gwiazda.

– Wszyscy jesteśmy gwiazdami – oznajmił Roger. – A dziś po prostu zostaniemy tak potraktowani.

Pojawił się kolejny kelner i nalał nam szampana. Stuknęliśmy się kieliszkami i wziąłem pierwszy łyk. Szampan miał bogaty bukiet – całkiem inny niż te szampany, których próbowałem w przeszłości. Pociągnąłem drugi łyk i delektowałem się owocowym smakiem. Następnie podszedł trzeci kelner i zaprezentował nam maleńki ceramiczny talerz z miniaturowym wypiekiem, którego nie potrafiłem nazwać.

– To tartaletka – wyjaśnił Roger. – W środku ciasta znajdziesz małą krewetkę, która otworzy twoje kubki smakowe i przygotuje cię na kolejne dania.

Uniosłem tartaletkę do ust i pozwoliłem jej wślizgnąć się do środka. Konsystencja ciasta i krewetki wywarła na mnie niebywałe wrażenie. Choć danie było małe i delikatne, cechowało się żywotnością, jakiej się nie spodziewałem. Spojrzałem na Rogera delektującego się swoją tartaletką i wiedziałem, że się ze mną zgadza.

– To było wspaniałe – stwierdziłem. – Czy tak będzie wyglądał cały posiłek? Seria miniaturowych dań?

– W zasadzie tak – Roger potwierdził moje przypuszczenia. – To istota kuchni francuskiej, a ponadto ilustracja ważnej duchowej lekcji. Innymi słowy, nie potrzebujesz dużej ilości czegoś, aby było to wartościowe. Ważniejsza jest esencja... na przykład to danie. W ten sposób manifestuje się duch, a nie tylko dana rzecz.

Pierwszy kelner wrócił z dwoma małymi talerzami. Położył je przed nami i uśmiechnął się porozumiewawczo do Rogera. Roger spojrzał na dania i odwzajemnił uśmiech.

– James, będziesz zachwycony! Pierwsze danie to mus ze szparagów: delikatny i artystyczny. Drugie danie to plaster pasternaku z sosem chrzanowym na gotowanej rzodkiewce. Łatwo dać się zwieść prostocie tych dań. Tak naprawdę są rzadko spotykane... Niewiele restauracji potrafi przyrządzić takie smakołyki.

– Nie wiem, co bym zrobił bez ciebie – powiedziałem i włożyłem mus do ust. Potrzebowałem kilku sekund, żeby otrząsnąć się z bogactwa smaku, a następnie skosztowałem wspaniałej gotowanej rzodkiewki.

– Poradziłbyś sobie – zapewnił – choć mogłoby ci być nieco trudniej. Ale większość kelnerów, jeśli nie wszyscy, zna angielski.

– Wcześniej wspominałeś, że mógłbyś zostać wolontariuszem w kuchni Alaina. Nie odpowiedziałeś na moje pytanie. Naprawdę byłbyś gotów to zrobić? W Kanadzie jesteś powszechnie szanowanym kucharzem...

– Myślę, że mógłbym to zrobić – odparł Roger. Delektował się musem. – Pracowałem już u pewnego wspaniałego kucharza tu, w Paryżu. Podobnie jak Alain, tamten człowiek jest prawdziwym mistrzem. Takie doświadczenie to wspaniała zabawa. Nieźle sobie radzę w Kanadzie, ale czasem trzeba zrobić coś, co jest i przyjemne, i pouczające.

– Byłeś dla kogoś mentorem?

– Wiele razy. Uwielbiam uczyć młodych ludzi tego, czego nie nauczą się w żadnej szkole. Uwielbiam pokazywać im życie drzemiące w jedzeniu i uświadamiać, że jeśli uszanują to życie, ono uszanuje ich. Uwielbiam im przekazywać, jak robić zakupy, bo w tym jestem najlepszy. Trzeba mieć do tego oko i uczyć się przez praktykę... Oraz przez bycie z kimś, kto pokaże ci odpowiednie sposoby.

Do stolika podszedł kolejny kelner.

– Panowie, mam nadzieję, że jesteście gotowi na kolejne danie.

Postawił przed nami nieco większy talerz. Znowu miałem wrażenie, że położono dzieło sztuki, którym mogę się delektować.

– To tatar z przegrzebków otoczony truflami i algami – wyjaśnił kelner – z sosem curry i okruchami sezamowego krakersa. Smacznego.

Odszedł od stołu, a ja spojrzałem na Rogera. Wskazał na pieczywo, które zostawił kelner.

– To świeża bagietka z solonym masłem z Bretanii – powiedział. – To chyba jedyne miejsce w Paryżu, gdzie można znaleźć to masło. Jest bardzo drogie i nieprawdopodobnie smaczne. Alain wychował się dwadzieścia mil od moich rodzinnych stron. Wiele nas łączy.

– Ty też podajesz to masło? – spytałem.

– Jeśli uda mi się je dostać. Ale tutaj to co innego. Pochodzę z Kraju Basków. Choć Alain mieszkał zaledwie kilka mil ode mnie, wychował się w bardziej francuskiej atmosferze. Porcje u Basków są zazwyczaj większe, ale dań jest mniej. Natomiast mistrz taki jak Alain przyrządza posiłki inaczej, częściowo dlatego, że ma czterdziestoosobową armię na zapleczu, która mu w tym pomaga. Może sobie pozwolić na przygotowywanie najlepszego i najbardziej eleganckiego jedzenia.

Ugryzł bagietkę, a na jego twarzy pojawił się wyraźny uśmiech.

– To jedna z chwil, kiedy naginam swoje zasady – wyznał. – Nie powinienem jeść białego pieczywa, ale bardzo je lubię. Całe życie robiłem chleb i inne wypieki, więc trudno mi się z nimi rozstać.

– Co czujesz zmuszony do porzucenia takich rzeczy? – spytałem, bo nie wiedziałem, jak zareagować. – To znaczy gdy rezygnujesz z tego, co jest dla ciebie niedobre?

– To doskonałe pytanie. Należy słuchać swojego ciała, gdy podpowiada, że nie powinieneś czegoś jeść. Jednocześnie radość, którą to pożywienie ci sprawia, może przeważyć negatywne skutki. Nie wolno lekceważyć wpływu radości na nasze ciało. Ona potrafi przeobrazić negatywne działanie i wesprzeć nasze zdrowie. A to kolejny powód, żeby patrzeć na jedzenie przez pryzmat duchowości. Niektórych potraw nie zaleciłby nam lekarz, ale nasza dusza i tak się ich domaga. Z tego samego powodu niekiedy błogosławimy jedzenie przed rozpoczęciem posiłku.

Właśnie zjedliśmy ostatnie danie, gdy pojawił się kelner. Tym razem niczego nie niósł, ale dostrzegłem, że kelner idący za nim miał coś w rękach.

– Czy dotychczasowe dania spełniły panów oczekiwania? – spytał. Następnie odwrócił się do mnie. – To pańska pierwsza wizyta w Paryżu?

– Nie, nie pierwsza, ale nigdy czegoś takiego nie doświadczyłem.

– U la la – powiedział i mrugnął okiem. Odsunął się, a drugi kelner położył przed nami dwa talerze. Najpierw spojrzał na mnie.

– Dla pana mamy ravioli z kalmarów, gotowane z ostrygą i podane z truflą.

Następnie zwrócił się do Rogera i powiedział po francusku coś, co bardzo Rogera ucieszyło.

– To doprawdy wspaniałe – powiedział Roger, gdy kelnerzy się oddalili. – Alain zna nas wystarczająco dobrze, aby podać dania skrojone na miarę. Na pewno wie, że dużo podróżujesz, więc przygotował dla ciebie potrawę inspirowaną kuchnią azjatycką.

A dla mnie wybrał coś bardzo konkretnego. To tradycyjne baskijskie danie: zupa z kasztanów na gęsiej wątróbce oraz plasterek kasztana na toście. Wiedział, że ucieszy mnie danie z moich rodzinnych stron.

– Nie wiem, ile jeszcze dam radę zjeść – przyznałem. – Jak myślisz, ile dań jeszcze nam zostało?

– Trudno powiedzieć. Mam wrażenie, że Alain chce nam zaimponować, więc to może jeszcze trochę potrwać.

Kilka minut później na stole pojawiło się kolejne. Całkowicie nowy kelner podszedł do naszego stolika i odezwał się po angielsku.

– To lasagne z czarnych trufli. Alain pokroił trufle tak, aby przypominały makaron. W potrawie znajdą panowie porcję przegrzebków, także pociętą, oraz mus z awokado i truflą.

Zjadałem to danie w milczeniu, pozwalając, aby cienkie nitki „makaronu" prześlizgiwały się przez moje usta. Sprawiało mi to niewypowiedzianą radość. Zerknąłem na Rogera, miałem wrażenie, że doświadcza podobnych przeżyć. Spojrzał na mnie i się uśmiechnął.

– Pamiętasz, co ci powiedziałem na samym początku? – wyszeptał i pochylił się w moją stronę, jakby chciał wyjawić mi jakiś sekret. – Jedzenie ma wymiar zarówno fizyczny, jak i duchowy... Pamiętasz? Odżywia ciało, to oczywiste, ale jego wpływ na duszę jest mniej zauważalny. Wspaniałe danie zmusza nas do całkowitego milczenia, jakby nic innego na świecie nie istniało. Niewiele rzeczy potrafi sprawić, byśmy żyli chwilą. A gdy żyjemy w teraźniejszości, komunikujemy się z własną duszą... Z własnym duchem. Rozumiesz, co mam na myśli? Jedzenie może przypominać wizytę w ogromnej katedrze albo głęboką medytację. Jeżeli potrawa potrafi skupić twoje myśli na chwili obecnej, to jedzenie staje się doświadczeniem duchowym.

Chciałem coś powiedzieć, zgodzić się z nim, ale zanim zdążyłem otworzyć usta, pojawili się dwaj kelnerzy. Jeden otworzył butelkę czerwonego wina i nalał nam po kieliszku, a drugi postawił przed nami talarze. Cofnął się o krok i zwrócił do Rogera:

– To danie rybne z turbota, podane z kawiorem i sosem z brokułów.

A zwróciwszy się do mnie, poinformował:

– A dla pana Alain przygotował homara w delikatnym cieście oraz szparagi w sosie czosnkowym. *Bon appétit.*

– Mam wrażenie, że jestem w kościele – powiedziałem, zanim włożyłem do ust pierwszy kęs. – Czuję się, jakby każda komórka mojego ciała nagle ożyła.

– Ja też to czuję – przyznał Roger. – To bardzo delikatne uczucie, ale jednocześnie silne. Wierzę, że ewolucja polega na coraz lepszym dostrojeniu się do subtelności życia. Im bardziej świadom jesteś tej siły, która pozwala ludziom ewoluować, tym częściej ją zauważasz dookoła siebie... Jest wszędzie. Prawdziwa ewolucja polega na coraz pełniejszej świadomości wszystkiego, zwłaszcza tego, czego nie sposób dostrzec oczyma. Dla mnie to esencja cudu życia.

Dziesięć minut później nie było śladu po rybie i homarze. Nie minęło piętnaście sekund, a kolejne danie wylądowało na naszym stole. Dwa talerze zostały przykryte półkulistymi przykrywkami ze stali nierdzewnej. Gdy je zdjęto, nie potrafiłem ubrać w słowa tego, co zobaczyłem.

– Panowie, oto gęsia wątróbka ozdobiona dużą truflą. Czy pozwolą panowie ją skroić? To zalecane.

Spojrzałem na Rogera, który uśmiechał się do mnie zachęcająco. Kelner chwycił przyrząd i skroił truflę, a następnie starannie umieścił drobne kawałeczki na wątróbce. To samo powtórzył z truflą Rogera i odszedł od stolika.

– Nie żartuję, Roger. Zaczynam być tym wszystkim przytłoczony. Nie chodzi o to, że mam już dość, bo to wspaniałe przeżycie, ale po jakimś czasie nie da się w pełni doceniać dań.

– Właśnie to miałem na myśli, mówiąc o ewolucji – wyjaśnił Roger. – Gdy czegoś jest za dużo, traci to swoją początkową moc. Wyobraź sobie, że idziesz do muzeum, na przykład do Luwru. Znajdziesz tam jedne z najpiękniejszych obrazów świata. Chodząc od sali do sali, delektujesz się pięknem i bogactwem sztuki każdą komórką swojego ciała. Ale po chwili twoje zmysły tępieją i przestajesz dostrzegać szczegóły. Gdy docierasz do *Mony Lisy*, widzisz jedynie stosunkowo atrakcyjną kobietę z zawadiackim uśmiechem. To samo dzieje się w czasie posiłku. Po tak wielu daniach kubki smakowe zaczynają się zamykać i nie jesteś w stanie w pełni cieszyć się jedzeniem. Czasem lepiej jest zjeść tylko dwa lub trzy dania.

Uszczknął trochę wątróbki i się uśmiechnął.

– Ale z drugiej strony sporadyczny hedonizm także ma swoje zalety.

– Nie sposób się z tobą nie zgodzić – przyznałem i sięgnąłem po kolejny kęs. – Jak często mam okazję jeść takie dania? Nigdy! Równie dobrze mogę zacisnąć zęby i nie narzekać.

Po kilku minutach pierwszy kelner podszedł do stolika. W rękach trzymał dużą białą kostkę. Nie wiedziałem, co to takiego. Czy to w ogóle było jedzenie? Na pierwszy rzut oka wyglądało na ceramiczną lub glinianą rzeźbę, ale po kilku sekundach moje wątpliwości zostały rozwiane. Kelner wyjął mały przyrząd i rozbił kostkę. Przedmiot okazał się glinianym naczyniem, w którym przyrządzono nasze kolejne danie. Kelner zaczął oddzielać skorupy od czegoś, co wyglądało jak mięso i warzywa.

– Teraz gdy oddzieliłem jagnięcinę i warzywa, danie wróci do kuchni na końcowy etap przygotowań.

Podniósł srebrną tacę i odszedł.

– Przyszedł tutaj tylko po to, żebyśmy zobaczyli, jak rozłupuje naczynie? – spytałem. – To niesłychane.

– Wizyta w takiej restauracji to niemal jak wyjście do teatru – wyjaśnił Roger. – Nie chodzi tylko o jedzenie, chodzi o show. Na pewno zauważyłeś wprawę kelnerów. To nasi aktorzy. Ogrywają swoje role, ale nigdy nie szarżują. Pojawiają się tam, gdzie są potrzebni, ale nigdy nie przeszkadzają.

Wróciwszy, kelner umieścił pięknie udekorowane danie przed nami i oddalił się. Doskonale rozumiałem, co Roger miał na myśli. Nasz stolik obsługiwało trzech lub czterech różnych kelnerów, a mimo to obsługa była bez zarzutu niczym idealnie dopracowana choreografia przeznaczona tylko dla mnie i Rogera.

– Przypomniało mi się coś, co robiłem na studiach – powiedziałem, gdy zaczęliśmy jeść. – Pracowałem w gazecie studenckiej i wpadłem na pomysł, że będę pisał recenzje najlepszych restauracji w Chicago. Tak naprawdę chodziło mi o darmowe posiłki i zapraszanie kolejnych dziewczyn. Co zabawne, były to restauracje, na które nie mógłby sobie pozwolić przeciętny student... na przykład słynny, odwiedzany przez gwiazdy Pump Room. A mimo to pozwalali mi jeść, co tylko chciałem, i to całkowicie za darmo! Robiłem to co tydzień i pisałem recenzje, które potem zamieszczano w gazecie. Nie mogę uwierzyć, że mi się upiekło.

– Udawało ci się, bo nie myślałeś schematycznie – zauważył Roger. – Może to był dziwny pomysł, ale oryginalny. Nigdy nie lekceważ znaczenia oryginalnego pomysłu. Poza tym przygotowało cię to do tego, co robisz całe życie.

– Czyli do czego? – spytałem.

– Ile razy wpadłeś na coś tak nietuzinkowego, że wszyscy reagowali entuzjazmem i pomagali ci w realizacji? Spójrz na nas!

Całkiem jak za czasów twoich studiów. I nawet udało ci się namówić mnie, żebym przeleciał Atlantyk na jeden lunch! A wszystko dzięki pomysłowi, który miał moc.

– Tylko na lunch – powtórzyłem. – Jak zmierzyć coś takiego... Albo to?

Podszedł do nas kelner, a ja poczułem dziwne połączenie euforii i konsternacji.

– Jagnięcina z Pirenejów – wyjaśnił. – Zauważyłem, że smakowała panu nasza jagnięcina, więc postanowiliśmy podać jeszcze jedno danie. Oto nieduże kotlety jagnięce z kością, aby przypomnieć o tym, co panowie jedzą. Z boku znajdą panowie tartę z rzeżuchą i pietruszką. Smacznego.

– Chyba zbliżamy się do końca – powiedziałem. – Gdy zaczynają podawać to samo mięso, zaczynam widzieć światełko w tunelu.

– Możesz mieć rację – zgodził się Roger. – Zauważyłeś, że przyszliśmy pierwsi, a teraz zostało jedynie kilka wolnych stolików? Siedzimy tu już prawie trzy godziny.

Spojrzałem na zegarek. Roger się nie mylił: czas pędził szybciej, niż sądziłem. Choć zjedliśmy więcej dań, niż byłem w stanie zliczyć, nie sądziłem, że minęło aż tak dużo czasu. Napiłem się wina i rozejrzałem po sali. Miałem wrażenie, że znalazłem się w innym świecie, i wiedziałem, że moje odczucia są bliskie prawdy.

Dla niektórych gości było to ich środowisko naturalne, zwłaszcza jeśli mieszkali w Paryżu, ale dla mnie wizyta w tej restauracji przypominała podglądanie stylu życia, o istnieniu którego dotychczas niewiele wiedziałem. Jedzenie stanowiło część tego doświadczenia, ale jedynie pośrednią. Tym, co mnie uderzyło i wyryło się w mojej pamięci, była magiczna natura tych chwil. Szansa na zobaczenie życia z nowej perspektywy. Nie miałem zamiaru jadać w ten sposób zbyt często, ale towarzysząca jedzeniu nieznana mi dotychczas ostrość zmysłów okazała się największą atrakcją.

Po kilku minutach do naszego stolika przyniesiono ogromny wybór serów. Zdecydowaliśmy się na dwa lub trzy, a kelner precyzyjnie pokroił je na plasterki, a następnie odszedł. Chwilę później delektowaliśmy się deserem: baza z ciemnego kakao i biała kulka z ciepłą zieloną herbatą, a do tego Armagnac z 1992 roku, czyli koniak z miasta Condom na południowym zachodzie Francji. Ciepło, które rozlało się po moim wnętrzu, było jak ogień, który stopił wszystkie dotychczasowe potrawy i smaki i złączył je w symfonię kulinarnej rozkoszy.

Delektowałem się tym uczuciem, gdy spojrzałem za Rogera i dostrzegłem brodatego mężczyznę, który wszedł do sali i rozglądał się dookoła. Gdy nas dojrzał, ruszył w naszą stronę. Od razu wiedziałem, że to Alain.

Roger odwrócił się i też go zauważył. Wstał i uścisnął go na powitanie. Alain był niższy, niż się spodziewałem, ale roztaczał aurę powagi, którą poczułem, jeszcze zanim podszedł do naszego stolika. Przez chwilę rozmawiali po francusku.

– Alain, to mój przyjaciel James Twyman – powiedział Roger. – Jest pisarzem, o którym wspominałem ci w liście. Uczył się sztuki kuchni francuskiej i stwierdził, że musi cię poznać. Pewnie dlatego, że nie mogłem się ciebie nachwalić.

Alain usiadł między nami przy stoliku i spojrzał mi głęboko w oczy. Początkowo nie wiedziałem, co robi. Czyżby czekał, aż coś powiem? Ale po chwili poczułem, że patrzy *przeze* mnie, a nie *na* mnie. Było to pobudzające i ledwo powstrzymałem się przed odezwaniem.

– A dlaczegóż fatygował się pan taki kawał drogi na jeden posiłek? – spytał, zanim zdążyłem zepsuć tę chwilę. Jego angielszczyzna była powolna i niepewna, ale ponownie poczułem siłę jego osobowości.

– To trudne pytanie – odparłem. – Gdy poznałem Rogera, moje życie zaczęło się zmieniać. Nie chodzi tylko o jedzenie, chodzi o życie jako takie. Potem opowiedział mi o panu, a zwłaszcza o pana pobycie w Drew House.

– A tak – skinął Alain z uśmiechem i spojrzał na Rogera. – Właśnie wtedy spotkałem tego człowieka i jego uroczą żonę.

– Roger opowiedział mi interesujące historie, a po jakimś czasie poczułem, że muszę poznać pana osobiście.

– Jakie historie? – zaciekawił się Alain.

– Przede wszystkim o pana ostatnim posiłku... To znaczy o tym, co wybrałby pan na swój ostatni posiłek na ziemi.

Alain od razu zrozumiał, o czym mówię, a na jego twarzy pojawił się ciepły uśmiech.

– Sadzone jajka! Tak, pamiętam.

– Gdy usłyszałem tę opowieść, wiedziałem, że kryje się w niej nauka. Wiedziałem, że wie pan o życiu coś, co wykracza poza jedzenie... A ja chciałbym się tego nauczyć.

– Ale czego można się nauczyć z tej opowieści? – spytał. – To takie proste, płynące wprost z serca. Nie dbam o wytworne posiłki. Mogę je jeść każdego dnia. Pragnąłem czegoś, co przypomniałoby mi o mojej matce; chciałem przywołać czasy, gdy dla mnie gotowała.

– No właśnie. Nie wybrał pan ekstrawaganckiego posiłku. Ale coś zwykłego, coś z czasów młodości. Zrozumiałem, że dostatek nie polega na posiadaniu *mnóstwa* czegoś, lecz esencji tego, co głębsze i wartościowsze.

– Co oznacza „dostatek"? – Alain zwrócił się do Rogera.

– Dostatek może oznaczać wiele rzeczy – odparł Roger. – Dla niektórych to góra pieniędzy. Ale dla mnie tacy ludzie są biedakami, mimo że wydają się bogaci. Jamesowi chodzi pewnie o to, że rozumiesz, na czym polega *prawdziwy* dostatek.

– Tak, tak, rozumiem – powiedział Alain z nagłym zapałem. – On pochodzi z serca, a nie z zawartości portfela. Jeśli dostatek nie przynosi radości, którą obdzielasz innych, to staje się niczym. Właśnie dlatego wybrałem jajka sadzone. Wiedziałem, że by mnie uszczęśliwiły. I to nie byłaby zwykła radość, ona dotknęłaby też innych.

– Roger powiedział też, że nie przyjął pan wynagrodzenia od człowieka, który poprosił pana o przyjazd do Kanady i przygotowanie kolacji charytatywnej. Chciał pan jedynie posmakować serwowanych win. Ta historia także mnie poruszyła. Przypomniała mi, że pieniądze nic nie znaczą, jeśli nie ma się tego, co raduje serce. Dla pana była to degustacja win, których wcześniej nie miał pan okazji spróbować.

– A Alain zna się na winach – dodał Roger. – A to znaczy, że potrafił je docenić. To była dla mnie kolejna ważna nauka. *Sztuka doceniania.*

– Możesz mi to powtórzyć? Przepraszam, ale mój angielski jest kiepski – powiedział Alain, spoglądając na Rogera. Przeszli na francuski i szybko wyjaśnili moje słowa.

– Tak – potwierdził Alain. – Byłem w stanie docenić tę sytuację, a to jest ważniejsze niż pieniądze. Chciałem jedynie przeżyć to doświadczenie... w pełni.

– To była dla mnie cenna lekcja – powtórzyłem – i dlatego chciałbym zadać panu jeszcze jedno pytanie, chyba najważniejsze. Chodzi mi po głowie, od kiedy poznałem Rogera.

Zamilkłem, by pozwolić wybrzmieć moim słowom. Zmagałem się z tym od miesięcy i miałem przeczucie, że Alain mi pomoże.

– Czy może mi pan powiedzieć, dlaczego sądzi, że jedzenie jest duchowe?

To mogło zabrzmieć jak proste, a nawet oczywiste pytanie, ale tak naprawdę dotykało sedna wszystkiego, czego się nauczyłem i chciałem nauczyć. Dzięki Rogerowi zacząłem postrzegać jedzenie w nowy sposób i czułem, że Alain będzie w stanie to docenić.

– Musi pan pomyśleć o tym tak – zaczął. – Na samym początku, gdy mieszkaliśmy w jaskiniach i niewiele wiedzieliśmy o jedzeniu, jedliśmy to, czego potrzebowaliśmy do przetrwania. Innymi słowy, było to bardzo podstawowe pożywienie. Zabijaliśmy zwierzę, gotowaliśmy je, a może i nie, i jedliśmy bez zastanowienia. Trwało to bardzo długo... pewnie tysiące lat. Ale potem wydarzyło się coś ciekawego. Prawdopodobnie kobiety w wioskach zaczęły postrzegać jedzenie jako coś, czym można wyrazić miłość. Zdały sobie sprawę, że przy krzcie kreatywności mogą zrobić coś innego... i uszczęśliwić innych. Ich rodziny czuły miłość przelewaną w jedzenie i posiłki smakowały im dużo bardziej. Oczywiście to zachęciło kobiety do jeszcze większej kreatywności. Odkryły nowe sposoby przyrządzania jedzenia, zaczęły używać przypraw i korzystać z innych dostępnych ulepszeń. Wkrótce opracowały przepisy, a jedzenie zmieniło się na stałe. Zmiana nastąpiła dzięki miłości tych kobiet, ponieważ chciały dzielić się nią z innymi. Właśnie dlatego jedzenie jest dla mnie tak duchowe. To sposób, aby dzielić się miłością, a gdy to czynisz, ona łączy się z twoją duszą.

– Czyli miłość pchnęła kobiety do poszukiwania nowych sposobów dzielenia się nią – zamyśliłem się. – Czyli miłość zaczęła wylewać się na zewnątrz...

– Tak jest – zgodził się Alain z uśmiechem. – Zaczęła się uzewnętrzniać, stała się bardziej namacalna i związana z jedzeniem. Koniec końców – *jedzenie to miłość, a miłość to jedzenie*. Chyba lepiej nie umiem tego opisać.

– Tylko jak wrócić do myślenia o jedzeniu w ten sposób? – spytałem. – Dla większości ludzi w jedzeniu nie ma miłości. Jedzą żywność, która szkodzi ich organizmom, i nie dostrzegają jej uzdrawiającej mocy. Wiem, że jedzenie, które pan tworzy, jest całkiem inne.

– Moje potrawy wywodzą się z wielu miejsc – zauważył Alain. – Ale przeważnie są związane z osobami, które mnie kochały. To mój obowiązek i zaszczyt przekazywać tę miłość. A jeśli chodzi o powrót tego sposobu myślenia... Cóż, wierzę, że miłość zawsze odnajduje jakiś sposób. Nie potrafię tego w pełni zrozumieć, bo tak jak Roger jestem tylko prostym kucharzem. Wiele osób w Paryżu uważa mnie za grubą rybę, ale w głębi duszy jestem tylko kucharzem. Mogę jedynie wcielać tę filozofię w życie i dzielić się nią z ludźmi takimi jak wy. Może napiszesz książkę, która spopularyzuje ten sposób myślenia, i może ludzie to zrozumieją...

Alain zamyślił się nad czymś, co oderwało go od naszej rozmowy.

– Chodźcie ze mną. Jest coś, co chciałbym wam pokazać.

Wstał, a Roger i ja poszliśmy za nim. Alain poprowadził nas przez atrium w stronę kuchni. Minęliśmy pięć osób, które sprzątały i przygotowywały posiłki na dzisiejszy wieczór. Po chwili doszliśmy do małej, ciemnej klatki schodowej. Alain zatrzymał się i wskazał wielką fotografię na ścianie. Wyglądała na współczesną wariację na temat *Ostatniej Wieczerzy* da Vinci. Alain mówił do Rogera po francusku, a ten tłumaczył dla mnie na angielski.

– To zdjęcie zamieszczono w znanym francuskim magazynie wiele lat temu – tłumaczył Roger. – Przedstawia najsłynniejszych kucharzy Paryża w stylistyce Ostatniej Wieczerzy. Ci mężczyźni to największe gwiazdy wytwornej kuchni... To dość zabawne.

– Czy Alain jest na tym zdjęciu? – spytałem.

– Jestem – potwierdził i wskazał na lewą stronę stołu. – To ja w młodości. Spójrz, mam nawet taką samą brodę.

Spoglądałem to na zdjęcie, to na niego, żeby sprawdzić, jak bardzo się zmienił. Choć musiało minąć wiele lat, Alain wciąż miał w oczach ten sam blask.

– Każdy posiłek to Ostatnia Wieczerza – stwierdził. – Gdy każdy posiłek jest uważany za równie uświęcony jak tamta wieczerza, spożywane jedzenie dotyka naszych dusz i rozpala naszą miłość. Właśnie dlatego jedzenie jest dla mnie tak duchowe. Jezus wiedział, co robi, gdy postanowił nauczać w czasie posiłków. Jedzenie nie jest przeznaczone jedynie dla naszych ciał. Jeśli wyraża nasze pragnienie wzajemnej miłości, to staje się komunią. Karmi nas duchowo. Gdy pamiętam o tym, gotując w kuchni dla swoich gości, wypełniam swoje zadanie na ziemi. To jedyna rzecz, która się dla mnie liczy.

Spojrzałem na Rogera i uśmiechnąłem się, a on odpowiedział mi znaczącym uśmiechem. Stojąc w kuchni jednego z najsłynniejszych kucharzy świata, w końcu zacząłem wszystko pojmować. W tamtej chwili oddałbym majątek świata za smażone jajka.

ROZDZIAŁ 13

Nadchodzi światło

Wyszliśmy z restauracji i ruszyliśmy w stronę Luwru, a następnie do ogrodu Tuileries, parku ciągnącego się wzdłuż Sekwany od muzeum aż po obelisk z Luksoru. Choć był początek stycznia, dzień był stosunkowo ciepły i bezchmurny, a ja czułem się beztrosko.

Spojrzałem na Rogera, który uśmiechał się szeroko, a jego twarz wyrażała emocje, które odczuwasz, gdy kończysz ważną podróż i zdajesz sobie sprawę, że wszystko ułożyło się po twojej myśli. Nie byłem pewien, czy mój początkowy plan obejmował choćby część doświadczeń, których stałem się uczestnikiem, zwłaszcza spotkanie z Alainem, ale wystarczyła mi świadomość, że życie potrafi być wspaniałe, gdy otworzysz się i żyjesz chwilą.

Dopiero teraz zrozumiałem, że ta historia dobiega końca, a przynajmniej ten rozdział. Poczułem dziwną mieszaninę radości i troski: radości, ponieważ od spotkania z Rogerem w moim życiu zaszły ogromne zmiany, oraz troski, ponieważ miałem wrażenie, że za chwilę wszystko znowu się zmieni. Nie miałem pojęcia, co to oznacza i gdzie mnie zaprowadzi, ale byłem szczerze zadowolony, że udało mi się dotrzeć tak daleko w tak krótkim czasie.

Zatrzymaliśmy się przy dużym akwenie z fontanną nieopodal obelisku. Kilkoro dzieci bawiło się zdalnie sterowanymi żaglówkami, a turyści i miejscowi przyglądali się im z zaciekawieniem. Roger spojrzał na mnie, jakby chciał coś powiedzieć, ale nie wiedział, jak zacząć. Tak wiele wydarzyło się od naszego pierwszego spotkania. Choć sporo razem przeżyliśmy, rozumiałem, że tak naprawdę słabo się znamy. Był jak tajemnicza postać, która pojawia się na scenie i wszystko zmienia, aby po chwili rozpłynąć się w powietrzu. Cieszyłem się, że Roger mnie znalazł i wziął pod swoje skrzydła, a jednocześnie miałem gorącą nadzieję, że będziemy mogli kontynuować naszą przyjaźń.

– Chcę porozmawiać z tobą o dwóch rzeczach – wykrztusił w końcu, gdy ruszyliśmy od fontanny. – Pierwsza jest związana z jedzeniem, a druga z miłością, która według mnie jest twoim kolejnym krokiem.

– Moim kolejnym krokiem? Chcesz powiedzieć...

– Że jesteś gotów na krok, którego dotychczas się bałeś? Tak, właśnie to mam na myśli. Może to nastąpi za tydzień, a może za rok. Czas nie jest ważny; liczy się tylko twoja gotowość. Właśnie dlatego wylądowałeś na moim podjeździe. Do tego też cały czas zmierzaliśmy. Posiłek u Alaina był specjalną nagrodą, zwłaszcza że nie pozwolił nam zapłacić rachunku.

– To był niebywały prezent – przyznałem. – Jest tak szczodry, jak mówiłeś.

– Nie każdego dnia miewa gości z Ameryki, którzy wpadają na lunch do jego restauracji. W każdym razie chcę się upewnić, że zdajesz sobie sprawę, iż ostateczny krok jest tuż przed tobą... krok, który chciałeś wykonać przez całe życie, ale nie potrafiłeś.

– Wydaje mi się, że miałem to zawsze na wyciągnięcie ręki – zauważyłem – ale z jakiegoś powodu byłem na to ślepy.

– Właśnie o to mi chodziło. Byłeś w związkach ze wspaniałymi kobietami, ale nie potrafiłeś tego dostrzec, ponieważ nie dostrzegałeś samego siebie. W ciągu ostatnich kilku miesięcy udało ci się zobaczyć, kim naprawdę jesteś, i teraz gdy już to wiesz, pozostaje tylko jedno pytanie: czy zachowasz otwarte oczy, czy znowu je zamkniesz? Jeśli pozostaniesz otwarty, odpowiednia osoba sama cię znajdzie. Nie będziesz musiał jej szukać. Przyciągniesz ją, bo ona też będzie w stanie zobaczyć siebie, tak jak ty teraz. Mam nadzieję, że mnie rozumiesz.

– Mówisz, że zainteresuję kogoś, kto jest na tym samym etapie co ja – wytłumaczyłem.

– Tak jest, ale zanim wdamy się w szczegóły, chciałbym omówić z tobą coś jeszcze. W pewnym sensie to jedyna kwestia, którą ciągle poruszam, zwłaszcza w kontekście jedzenia. Nieraz słyszałeś to z moich ust: koniecznie należy dodać kluczowy składnik, nieważne, czy akurat kupujesz warzywa, gotujesz lub podajesz gotowe danie. Tym kluczowym składnikiem jest *miłość*! Jedzenie bez miłości jest jak życie bez miłości. Rozumiesz, co mam na myśli? Jeśli jedzenie ma nam służyć, musi odżywiać nie tylko ciało, ale i duszę. Powinieneś być świadomy miłości, którą w nie przelewasz. Gdy kupuję składniki z moich przepisów, dziękuję wszystkim, którzy mi to umożliwili: od gleby po rolników, a następnie sprzedawców. Gdy je myję i gotuję, myślę o ludziach, którzy zasiądą przy moich stołach, i wysyłam im miłość. Jak ci się zdaje, kto najbardziej korzysta na takim sposobie myślenia?

– Pewnie *ty* – powiedziałem, wiedząc do czego zmierza Roger.

– Oczywiście, że tak! Miłość wpływa do mojego serca, płuc, każdej komórki, a następnie płynie do Kathleen, do ciebie, do każdego, z kim mam styczność. To mój sposób służenia innym, a jednocześnie sobie – bo to w gruncie rzeczy to samo.

– Spodobało mi się, gdy porównałeś jedzenie posiłków bez miłości do życia pozbawionego miłości – powiedziałem. – Zawsze uważałem się za uczuciowego człowieka, ale zaczynam dostrzegać, że wstrzymywałem się z miłością do osoby, która najbardziej jej potrzebowała.

– Wstrzymywanie miłości sprawiło, że wpadłeś w potrzask, z którego nie mogłeś się wyrwać dzięki racjonalnemu myśleniu. A to dlatego, że miłość nie bazuje na intelekcie. Można ją pojąć jedynie sercem i duszą. Jak myślisz, co się stanie, gdy skupisz się na sercu i duszy, a nie na tych częściach siebie, które nie są w stanie zrozumieć miłości?

– Połączę się z sercami i duszami innych osób – powiedziałem pewnie i zatrzymałem się jak wryty. Miałem wrażenie, że kawałki układanki właśnie znalazły się w odpowiednich miejscach, a ja nareszcie zrozumiałem w pełni słowa Rogera, nie tylko to, co właśnie mi powiedział, ale to, co mówił od samego początku. – Na tym polega prawdziwa służba... To nie tylko to, co robisz ze swoim ciałem, ale także to, co robisz całym sobą, a co łączy cię z innymi osobami trwałą więzią.

– Teraz możesz zostać wspaniałym kucharzem! – oznajmił Roger z najszerszym uśmiechem, jaki dotychczas widziałem na jego twarzy. – Może i nie wiesz wszystkiego o gotowaniu, ale poznałeś najważniejszą rzecz, jakiej mogłem cię nauczyć. Dla mnie to jest właśnie sekret francuskiej kuchni: odżywianie ludzi od środka. Jak powiedział Alain, to odróżnia nas od przodków sprzed tysięcy lat... ta nasza umiejętność służenia za pośrednictwem miłości. To, co dajemy innym, wraca do nas. Bo tak naprawdę to jest to samo.

Gdy Roger do mnie mówił, nagle pojąłem, co muszę zrobić. Służba, która uzdrowi część mnie niegodną miłości, jednocześnie będzie sposobem na uzdrowienie kobiet skrzywdzonych przeze mnie (lub przez mężczyzn takich jak ja). Intuicyjnie wiedziałem, że pomogę nie tylko garstce kobiet, które spotkałem w swoim życiu, lecz także kobietom na całym świecie, gotowym usłyszeć przeprosiny od takich jak ja.

Zrozumiałem, że kobiety i mężczyźni potrzebują siebie, aby być całością i że razem tworzymy okręg uzdrawiającej energii, która obiega całą planetę. Ale to mężczyźni muszą zacząć... Byłem tego pewny. A to oznaczało, że ja muszę zapoczątkować tę zmianę. I byłem na to gotowy.

– Wiem, co muszę zrobić – powiedziałem Rogerowi. – Nie wiem skąd, ale nie mam żadnych wątpliwości. Mówiłem ci wcześniej, że piszę wiersz *Siostro, przebacz*. Teraz zrozumiałem, że to wcale nie ma być tylko wiersz, ani nawet książka. To będzie ruch! Wyobraź sobie, co by się stało, gdyby wszyscy mężczyźni i kobiety postanowili uzdrowić się poprzez uzdrowienie osób, które zranili. Zacznie się od jednej osoby, ale szybko rozprzestrzeni, bo właśnie tego potrzebujemy. Nie tylko ja! Niemal każdy z nas był w mojej sytuacji i zachowywał się w sposób bezmyślny. Jeśli przyznamy się do naszych błędów i otrzymamy wsparcie, wszyscy na tym skorzystamy. Czy to, co mówię, ma jakiś sens?

– O tak – potwierdził Roger. – Ale co konkretnie masz zamiar zrobić?

– Mam plan!

Widziałem go oczyma wyobraźni.

– Stworzę stronę internetową, na której mężczyźni będą mogli nagrać swoją wersję *Siostro, przebacz*. Może napiszą własne historie albo wiersze, a może nagrają coś, co wyrazi ich uczucia. Kobiety będą mogły wejść na stronę, przeczytać wpisy lub ich wysłuchać, a gdy to zrobią, poczują energię uwolnioną przez mężczyzn. To będzie bardzo uzdrawiająca moc. Kobiety także będą mogły podzielić się tym, jak skrzywdziły mężczyzn. To będzie portal do dzielenia się uczuciami, które obu stronom pomogą w uzdrawianiu.

– Nigdy o czymś takim nie słyszałem – stwierdził Roger. – Ale dotyka to ważnego zakątka mojego serca. Tutaj we Francji zawsze czczono Boginię, zwłaszcza na południu, ale przez ponad dwa tysiące lat ignorowano tę potężną energię – zepchnięto ją na margines. A nawet potępiano! To samo kobiecej energii robią mężczyźni, gdy sprawiają, że kobiety czują się mniej wartościowe, niż są w rzeczywistości. I choć przez ostatnie stulecia świat bardzo się zmienił, w głębi ludzkiej świadomości wciąż pokutują tamte przekonania. Twój pomysł może stać się sposobem pozbycia się ich raz na zawsze, ale tylko, jeśli wystarczająco dużo osób podejmie to wyzwanie.

– Zatem uczynię to swoim celem. Muszę zainspirować mężczyzn do tego kroku naprzód i odegrania tej niepowtarzalnej roli. Zakładałem, że moje działanie musi skupić się na kobietach, ale chyba także pomoże mężczyznom.

– Przysłuży się wszystkim!

Roger zapalił się do mojego pomysłu.

– Właśnie to sprawia, że jest to wyjątkowy pomysł. A wszystko zaczęło się od kilku ząbków czosnku zmiażdżonych na mojej desce.

– Zaczęło się od porzucenia na podjeździe, a teraz jesteśmy w Paryżu... Wszystko tak doskonale się ułożyło. Wierzysz, że czasem przytrafiają się nam niemiłe i trudne wydarzenia, abyśmy dotarli do etapu, na którym będziemy mogli inspirować innych ludzi i im pomagać? Chyba właśnie to dzieje się w moim przypadku.

Roger zatrzymał się i spojrzał mi uważnie w oczy.

– James, wiedziałem o tym od chwili, gdy zobaczyłem cię na moim podjeździe. Pamiętasz, jak powiedziałem ci, że warzywa na targu rozmawiają ze mną? To samo dotyczy ludzi. Nasze dusze rozmawiają ze sobą cały czas, a gdy wsłuchałem się w twoją, usłyszałem dwie rzeczy. Po pierwsze, usłyszałem, że jesteś gotowy. A po drugie, wyczułem, że uzdrowienie, którego pragnąłeś, jest możliwe jedynie przez pomoc innym... Zwłaszcza pomoc w leczeniu rany, którą sam także otrzymałeś: *bliskości*. Poczułem to tamtego pierwszego ranka i widzę, że teraz ty też to poczułeś. Czyż jest na to lepsze miejsce niż Paryż - miasto zakochanych?

Rozejrzałem się dookoła i uśmiechnąłem: dostrzegłem co najmniej pięć par spacerujących po parku, trzymających się za ręce lub całujących na ławce. Otaczała mnie miłość i po raz pierwszy patrzyłem na nią otwartymi oczami.

Nie tylko widziałem ją wokół siebie, ale też czułem w sobie. Bezbronność, która kiedyś mnie przytłaczała, teraz wydawała się cennym darem, czymś, co chciałem zachować do końca życia. Zrozumiałem, że poczucie *bezpieczeństwa* nie oznacza trzymania się z daleka od tego, co może mnie zranić. Musiałem otworzyć serce, gdyż wiedziałem, że mam w sobie siłę, która pokona każdą przeszkodę.

To, co nas rani, staje się naszą najważniejszą lekcją: pokazuje nam sposoby służenia innym. Ta wiedza zawsze była na wyciągnięcie ręki, ale po raz pierwszy dostrzegałem, że mogę ją zdobyć.

Nazajutrz rano Roger wyjechał, nawet mnie nie budząc. Miał wczesny lot do Toronto i wyszedł tak cicho, że jakaś cząstka mnie zastanawiała się, czy w ogóle tu był. Miał ogromny wpływ na wiele dziedzin mojego życia i czułem w stosunku do niego niewypowiedzianą wdzięczność.

A co najważniejsze, byłem gotowy osiągnąć wyższy poziom miłości i bliskości. Rozmyślałem o stronie i ruchu, o których opowiedziałem Rogerowi, i poczułem radość.

Moje pomysły były wyraźniejsze i bardziej porywające niż dotychczas. Ale musiałem zrobić coś jeszcze, zanim zaangażuję się w tak wielki projekt... Musiałem zakończyć mój wiersz, który miał być ostatnim darem dla każdej kobiety mojego życia, a także kobiet zranionych przez innych mężczyzn. Dopiero wtedy będę gotowy i niepowstrzymany.

Usiadłem na łóżku z notatnikiem w ręku, sięgnąłem po pióro i zacząłem pisać:

Siostro, mam wrażenie, że urodziłem się na nowo,
choć nie sądziłem, że to możliwe.

Czy to ty byłaś inspiracją dla tego ruchu?
A może było to coś, czego żadne z nas nie dostrzegło?
Coś głębszego niż nasze oddechy i rany, które przepędziły nas w cień.
Gdzie się ukrywaliśmy?

Zapomniane ziarno przebija się na powierzchnię naszego życia,
a gdy pniemy się w stronę słońca z otwartymi dłońmi i sercami,
odnawiamy przyrzeczenie wzajemnej miłości.
Ta podróż trwała bardzo długo,
a teraz, gdy już tu jesteśmy,
wyciągam do ciebie dłoń i idziemy razem
do świata, który musimy stworzyć.

Mam wrażenie, że po raz pierwszy otworzyłem oczy.
Widzę, że na mnie patrzysz, bezbronna i czujna.

Czy mogliśmy pojąć zachodzące w nas zmiany?
Któż był świadkiem pięknego otwarcia się naszego życia?

W naszych sercach rozbłysło światło,
napełnia nas energią, której dotychczas nie zaznaliśmy.
Czyżbyśmy właśnie na to czekali?
Czy wyczuliśmy tę obietnicę, gdy staliśmy w cieniu
i czekaliśmy na nagłe nadejście nieba?

Wiem tylko, że nie mogę stać w miejscu,
jakby otwarto mi drzwi, lecz inne nagle zniknęły.

Próbowałem się zatrzymać, opóźnić czekający mnie krok,
ale przypomniałem sobie, dlaczego tu przyszedłem.
Nie po to, by zniknąć, lecz by przebaczyć.
Nie po to, by porzucić,
lecz by rozgrzeszyć niespokojnego ducha,
który miał mnie we władaniu.

Dziękuję ci za echo, które wciąż we mnie rozbrzmiewa.
Dziękuję ci za przypomnienie,
że dzień wczorajszy należy do przeszłości,
a jutro to jedynie mgła, która znika, gdy wschodzi słońce.
Jestem gotów stanąć przed tobą i nie uciekać.
Jestem gotów objąć cię w bezruchu.
Jestem gotów objąć siebie, nie trapiąc się, kto na mnie patrzy.
Jestem tutaj, obecny i cały – chyba po raz pierwszy,
dzięki temu, że odważyłem się spojrzeć w głąb naszych serc
i nie uciec, gdy wokół nas rozpętała się burza.

Dziękuję ci, najdroższa Siostro,
za uczynienie mnie odpowiedzialnym za to, kim jestem,
I za to, kim mogę się stać.
To jedyne, co ze mnie zostało,
a czas nie przesłoni tej chwili idealnej łaski.

Dwa miesiące później zadzwoniłem do Michele. Gdy czekałem, aż odbierze, zastanawiałem się, jak wytłumaczę jej wszystko, co się wydarzyło. Nie byłem już niezdecydowanym człowiekiem, który równie szybko uciekał przed miłością, jak do niej pędził.

Zostałem zmiażdżony, ale narodziłem się na nowo i teraz to nowe życie krążyło w mojej duszy, a ja spoglądałem w przyszłość. Mimo to musiałem porozmawiać z Michele, nawet jeśli chodziło tylko o moje uzdrowienie. Nawet jeśli nie zrozumie lub nie zaakceptuje tego, co miałem do zaoferowania, i tak musiałem powiedzieć jej te słowa.

Jej głos wyrwał mnie z zamyślenia:

„Cześć, tu Michele. Nie mogę odebrać. Zostaw wiadomość, a ja oddzwonię tak szybko, jak to będzie możliwe".

Gdy usłyszałem sygnał, zawahałem się, bo nie wiedziałem, czy lepiej zostawić wiadomość, czy zadzwonić później. Minęły ze trzy sekundy, więc stwierdziłem, że się odezwę.

– Cześć Michele, James z tej strony. Pewnie zaskoczy cię ten telefon. Ja też się trochę nie spodziewałem, że do ciebie zadzwonię. Chciałem tylko powiedzieć ci, że...

Usłyszałem kliknięcie i zdałem sobie sprawę, że już się nie nagrywam. Nie sądziłem, że Michele ma prawdziwą automatyczną sekretarkę: taką, którą można wyłączyć, jeśli jednak chce się porozmawiać z dzwoniącą osobą. Początkowo słyszałem jedynie jej oddech, ale po chwili odezwała się dobrze znanym głosem.

– O rany! Tego telefonu rzeczywiście się nie spodziewałam. Byłam pewna, że znalazłeś sobie inną, którą oczarujesz swoim urokiem i dowcipem. Nie sądziłam, że zachowałeś mój numer.

Wziąłem głęboki oddech i zastanowiłem się, czy nie popełniłem błędu, dzwoniąc do niej. Podróż, którą odbyłem, miała niewiele wspólnego z Michele i naszym związkiem. Dotyczyła wszystkich kobiet i każdego związku, w którym byłem i w którym będę. Ale przede wszystkim podróż ta dotyczyła mojego życia i moich lęków, a także uzdrowienia, które chyba nastąpiło.

A mimo to Michele *odegrała* ważną rolę. Była inicjatorką, która pchnęła mnie w odpowiednim kierunku, a następnie dała kopniaka na rozpęd. Na szczęście zrobiła to na podjeździe doskonałego kucharza, który miał klucz do szczęścia. Wiedziałem, że jestem jej dłużnikiem, choć ona mogła nie zdawać sobie z tego sprawy.

– Oczywiście, że wciąż mam twój numer – odparłem. – Ostatnio sporo o tobie myślałem... Więcej niż możesz sobie wyobrazić.

– Zastanawiałam się, czy to nastąpi: zadzwonisz, że jesteś w Toronto i chcesz się spotkać i pogadać. Daleko jesteś?

– Daleko. Jestem w Oregonie. Chętnie bym się z tobą spotkał, ale to długa droga.

– Aha – powiedziała po dużej pauzie, która dała jej czas do namysłu. – To o co chodzi? Od miesięcy się nie kontaktowałeś, nawet e-mailowo. Skąd ten nagły telefon?

– Cóż, miałem sporo powodów. I to dość ważnych... ale one dotyczą cię jedynie pośrednio.

– Pośrednio?

– W sumie pośrednio i bezpośrednio. Wiem, że nie rozmawialiśmy od czasu mojego pobytu w Drew House, a ten pobyt zmienił moje życie. Wygląda na to, że porzucenie w miejscu, w którym nikogo się nie zna, ma swoje plusy...

– Cieszę się, że ci to wyszło na dobre – powiedziała tonem, którego nie potrafiłem zinterpretować.

–Na lepsze niż myślisz – ciągnąłem. – Bardzo się zaprzyjaźniłem z Rogerem, kucharzem i właścicielem Drew House. Przeżyliśmy kilka niebywałych przygód. Uwierzysz, że polecieliśmy aż do Paryża na lunch?

Poczułem zmianę, jeszcze zanim zdążyła się odezwać. Mój telefon i przemiana, która we mnie nastąpiła, były dla niej nieoczekiwane i być może wcale nie chciała o tym wiedzieć. Część mnie wolałaby jej szybko podziękować i się rozłączyć, ale wiedziałem, że muszę poczekać, wysłuchać jej i pogodzić się z jej słowami. To był mój pierwszy test i chciałem go zaliczyć.

– Co ty sobie wyobrażasz?! – spytała. – Dzwonisz do mnie po kilku miesiącach milczenia, żeby powiedzieć, że byłeś w Paryżu na lunchu? Co ja ci mam odpowiedzieć?! Czego ty ode mnie oczekujesz?

– Przepraszam, Michele, ale jest jeszcze coś, co powinnaś usłyszeć. Wydarzenia, które nastąpiły po twoim wyjeździe, stworzyły we mnie wolną przestrzeń. Wypełniłem ją tym, czym dotychczas nie potrafiłem i nie chciałem wypełnić. Byłaś ogromną częścią tej zmiany i uważam, że zasługujesz na to, aby o tym wiedzieć.

– Mam wiedzieć, że porzucenie cię w Elorze zmieniło twoje życie? Świetnie, James. Cieszę się twoim szczęściem. Nie każdego dnia słyszę, że odegrałam tak pozytywną rolę w życiu mężczyzny.

– To nie wszystko – powiedziałem. Usiłowałem zredukować napięcie między nami. – Pracowałem nad czymś... nad wierszem.

Chciałem ci go wysłać, ale chyba będzie lepiej, jeśli usłyszysz go bezpośrednio ode mnie, nawet jeśli tylko przez telefon. Opowiada o tym, czego się nauczyłem w ostatnich miesiącach, i o tym, dokąd zmierzam. Jeśli nie masz nic przeciwko, chciałbym ci go przeczytać...

Nastąpiło długie milczenie, jakby próbowała podjąć decyzję. Nie winiłbym jej, gdyby się nie zgodziła. Nie miała żadnego powodu wpuszczać mnie z powrotem do swojego życia, nawet jeśli oznaczałoby to jedynie wysłuchanie wiersza napisanego przez faceta, którego nie spodziewała się już nigdy usłyszeć. Wzięła głęboki oddech, jakby przygotowywała się na najgorsze.

– No dobrze. Niech będzie. Śmiało, czytaj ten swój wiersz.

– Wiedz, że on jest napisany nie tylko dla ciebie, ale dla każdej kobiety, z którą byłem lub będę w przyszłości. To mój sposób, żeby porzucić pozory i dostrzec to, co prawdziwe. Zrozumiałem, że kobieta jest siostrą mężczyzny, a mężczyzna bratem kobiety, i wszystko się zmieniło.

Zacząłem czytać od tytułu *Siostro, przebacz*. Czytałem wolno i z uczuciem. Michele milczała i pomyślałem, że może się rozłączyła. Usłyszałem stłumiony dźwięk i po chwili zdałem sobie sprawę, że Michele cicho płacze. Czytałem do końca, a następnie zamilkłem z nadzieję, że ona się odezwie.

– Piękny – powiedziała. – Naprawdę. To był jeden z najpiękniejszych wierszy, jakie w życiu słyszałam.

– Serio? Ma ręce i nogi?

– Oczywiście. Poruszył moje serce, James. Zdajesz sobie sprawę, że takie słowa chciałaby usłyszeć każda kobieta? Wyobrażam sobie, jak się musiałeś czuć. Gdyby tylko każdy mężczyzna miał szansę zrobić coś podobnego, podzielić się tym, co mu leży na sercu, i uczyć na swoich błędach. Rozumiem, co miałeś na myśli, mówiąc, że ten wiersz nie jest tylko dla nas. Jest dla wszystkich, których zraniła miłość.

– Kobiet i mężczyzn – dodałem.

– Tak, masz rację. Kobiety tak samo postępują z mężczyznami. Mam wrażenie, że otworzyłeś drzwi i teraz każdy może przez nie przejść... tak jak my.

– I co z nami będzie? – spytałem ją.

– Masz na myśli nas dwoje czy nas wszystkich? Nie mam pojęcia, co się zdarzy między mną a tobą, ale za wszelką cenę musisz się podzielić tym, co napisałeś. Gdy słuchałam tych słów, niemal się cieszyłam, że zostawiłam cię na tamtym podjeździe.

Rozmawialiśmy jeszcze przez godzinę: opowiadaliśmy sobie historie i nadrabialiśmy stracony czas. Gdy nadszedł moment pożegnania, czułem, jakby z serca spadł mi wielki ciężar. Czułem się lżejszy, gotowy na życie, które dotychczas jedynie sobie wyobrażałem. Nie miałem pojęcia, co to oznaczało i gdzie mnie doprowadzi, ale czułem się przygotowany... i wiedziałem, że miłość mnie odnajdzie.

Przypomniałem sobie słowa Rogera: „Gdy stworzysz miejsce dla miłości, to ona zawsze przyjdzie. Jeśli jest coś, czego Bóg nie lubi, to jest to puste, niezapełnione miejsce w ludzkim sercu".

Miał rację.

Posłowie

Gdy powiedziałem Rogerowi, że mam zamiar napisać książkę o naszej przyjaźni i wszystkim, czego się od niego nauczyłem, wydał mi się podenerwowany i lekko przytłoczony. Chyba nie lubi, gdy robi się z niego kogoś więcej niż zwykłego kucharza, a zwłaszcza mądrego mistrza, choć się nim okazał.

To, że Roger widzi siebie w zupełnie innym świetle, jedynie potwierdza moje przekonanie: jest jedną z nielicznych osób, które nie potrzebują rozgłosu, by określić, kim są. Jestem przekonany, że ma rację, ale wiem też, że i ja słusznie go oceniam. Pojawił się w moim życiu i pomógł dostrzec to, czego wcześniej nie potrafiłem zauważyć, a to dla mnie wystarczający dowód.

Napisałem w życiu wiele książek dotyczących duchowości i wierzę, że potrzebujemy takich nauczycieli jak Roger Dufau. Przez ostatnie piętnaście lat przemawiałem na niemal wszystkich konferencjach duchowych i targach i poznałem prawie każdego znanego nauczyciela. Doświadczenia te stały się dla mnie cennymi lekcjami.

Niektórzy nauczyciele przypominają mi, czemu wybrałem tę ścieżkę, i inspirują mnie do dalszej pracy. Innymi słowy, dostrzegam w nich cechy, które sam chcę posiadać. Z drugiej strony trafiają się i tacy z przeciwnego bieguna. Są to osoby, którym bardziej zależy na popularności niż dzieleniu się swoją prawdą. Skupiają się na zdobyciu sławy i tracą z oczu powód, dla którego wkroczyły kiedyś na tę ścieżkę.

Nie mnie ich oceniać, ale mam prawo wyboru ludzi, których chcę naśladować i od których chcę się uczyć. Staram się spojrzeć na nich ze współczuciem i spróbować zrozumieć zachowania, których jednak nie zamierzam kopiować. Dzięki temu jeszcze skuteczniej będę mógł popularyzować swoją wiedzę, czego bardzo pragnę.

Roger należy do tych osób, które chcę naśladować. Pokora to jedna z jego największych zalet i sądzę, że nigdy się jej nie wyrzeknie. A poza tym jakże on gotuje! Lepiej niż ktokolwiek inny na świecie! Jego duchowość nierozerwalnie wiąże się z przepisami i technikami, które uczyniły go mistrzem kuchni. Właśnie tam jego talent lśni najjaśniej.

Jeśli będziecie w okolicy Toronto przez kilka dni, pojedźcie do Elory i przekonajcie się sami. Obiecuję, że się nie zawiedziecie. W sumie jestem pewien, że wystarczy kilka minut, żebyście powiedzieli do swojego towarzysza podróży: „Ten gość jest dokładnie taki, jak opisał go James!". Bardzo by mnie to ucieszyło.

Nawiasem mówiąc, Roger i ja nakręciliśmy niedawno krótki kurs gotowania, który można znaleźć na YouTube na kanale Hay House (www.youtube.com/hayhousepresents). Zajrzyjcie i zacznijcie uczyć się od prawdziwego mistrza!

A jeśli chodzi o moje życie... Powiem tylko, że nieźle się układa. Lekcje Rogera i Alaina przynoszą niespodziewane owoce. Wiem, że moje serce jest otwarte i kiedyś przyciągnę do siebie odpowiednią osobę. Póki co czekam cierpliwie i nie popędzam miłości.

Kluczem jest to, że udało mi się pokochać najważniejszą osobę: *samego siebie*. Teraz miłość może rozkwitnąć – a wszystko dzięki tamtemu pamiętnemu porankowi w Elorze, gdy samotność na podjeździe zmieniła moje życie.

Pozostańmy w kontakcie.

O autorze

James F. Twyman jest autorem wielu bestsellerów, w tym książek „Między niebem a ziemią” i „Sekret Kodu Mojżesza”. Jest znanym na arenie międzynarodowej „trubadurem pokoju”, który potrafi zjednoczyć w modlitwie miliony ludzi, aby łagodzić skutki kryzysów na całym świecie. Był zapraszany przez przywódców państw takich jak Irak, Irlandia Północna, Republika Południowej Afryki, Bośnia, Chorwacja i Serbia, aby wziąć udział w koncercie pokoju – często w czasach, gdy w krajach tych toczyły się konflikty. Występował w ONZ, Pentagonie i nie tylko.

James jest producentem i współautorem scenariusza filmu „Indygo”, reżyserem „Indigo Evolution” i „Sekretu Kodu Mojżesza”. Jest również założycielem Seminary of Spiritual Peacemaking, które wyświęciło ponad 500 duchownych na całym świecie.

Strona internetowa: www.JamesTwyman.com.